中国住房租赁市场指南

赵然　孟宪石　范熙武　等 / 著

中信出版集团 | 北京

图书在版编目（CIP）数据

中国住房租赁市场指南 / 赵然等著 . -- 北京 : 中
信出版社 , 2022.12
ISBN 978-7-5217-4946-5

Ⅰ . ①中… Ⅱ . ①赵… Ⅲ . ①住宅市场－租赁市场－
研究－中国 Ⅳ . ① F299.233.5

中国版本图书馆 CIP 数据核字 (2022) 第 207352 号

中国住房租赁市场指南
著者： 赵然 孟宪石 范熙武 等
出版发行 : 中信出版集团股份有限公司
（北京市朝阳区惠新东街甲 4 号富盛大厦 2 座 邮编 100029 ）
承印者： 北京诚信伟业印刷有限公司

开本 : 787mm×1092mm 1/16 印张 : 17.25 字数 : 198 千字
版次 : 2022 年 12 月第 1 版 印次 : 2022 年 12 月第 1 次印刷
书号 : ISBN 978-7-5217-4946-5
定价 : 68.00 元

中国住房租赁市场指南

主要作者：赵　然　孟宪石　范熙武

参与写作（按姓氏笔画）：

王宝力　王煜昊　石文楠

米　沙　邹永洁　杨　扬

罗　智　赵相东　袁　丽

序

近年来，我国加快建立租购并举的住房制度，探索新的发展模式，培育和发展住房租赁市场，特别是大力发展保障性租赁住房，完善长租房政策，促进住房租赁市场规范发展。随着城镇化水平不断提升，预计未来全国城镇中将有 1/3 左右的居民或家庭长期租房居住，而他们用于住房租赁消费的支出约占其可支配收入的 1/3。一些人口基数大、人口流入多、住房价格高的大城市，租房居住比重（或租住率）甚至超过 60%。这些为住房租赁企业及行业发展创造了有利的制度政策环境，提供了广阔的市场空间。

同时我们要看到，要有效有力地发展租赁住房和住房租赁市场，要使住房租赁企业及行业良性循环和持续健康发展，仍有许多重大难题需要进一步破解，比如住房租赁行业收益率（或租金回报率、租售比）过低，长期、低成本、大额资金缺乏，人们长期租房居住意愿不高等。

住房租赁行业是运营管理要求高、需要精打细算的行业，且因租赁住房具有民生属性，政府要对租金水平进行合理调控。因此，破解收益率过低难题需从两方面同时发力。一是政府要进一步加大土地、金融、财税等政策支持力度，以有效降低租赁住房建设阶段成本和运营管理阶段税费。二是住房租赁企业要探索成熟稳健可赢利的良性循环模式，运用科技等手段提高租赁经营能力，有效增加运营收入、降低运营成本，并建立风险防范机制，提高抗风险能力。

发展租赁住房虽然一次性开发建设投入大、投资回收期长，但通常具有持续稳定的现金流，既依赖于又适合于长期、低成本、大额资金投入。其中运作公募REITs（不动产投资信托基金）是最佳选择之一。2022年8月，我国首批三只保障性租赁住房公募REITs成功发售，打通了"投、融、建、管、退"闭环，能够有效缩短资金回报周期，盘活存量资产，降低企业资金压力。不过，公募REITs还需扩大到保障性租赁住房以外的长租房领域，并需在以下两方面积极研究，有所突破：一是税收非中性，挤压了本来就较低的收益率；二是交易结构过于复杂，发行成本较高。

此外，还要使租房者与购房者在享受教育、医疗等基本公共服务上具有同等权利，即通常所讲的"租购同权"或"租赁赋权"；要稳定住房租赁关系，规范住房租赁市场秩序，有效保障承租人合法权益。相信随着住房租赁相关立法和制度政策的不断完善，上述难题都会逐步得到解决。并且，随着专业化、规模化住房租赁企业的发展以及租赁住房品质提升和服务改进，最终许多买不起房或不想买房的新市民、青年人等会选择长期租房居住。

目前，住房租赁成为社会大众、各地政府、相关企业、专家学者和投资者高度关注的热点问题之一。为帮助人们全面深入了解住房租赁行业，赵然等编写了这本书，较好地回答了为什么要大力发展住房租赁市场、住房租赁行业的发展逻辑与内在价值是什么、住房租赁行业为什么是新经济行业，以及住房租赁时代来临能为经济社会和民众生活带来哪些变化等一系列问题。同时，这本书立足于我国住房租赁行业当前快速发展的现状，聚焦"投、融、建、管、退"等重要环节，基于专业视角，深入剖析行业的痛点和难点，从微观层面对行业上下游各参与方，以及供给、金融等多个层面做了研究与阐述，对行业未来高质量发展的路径选择提出了合理化建议。作者还提出了在金融创新工具赋能下，住房租赁行业持续健康发展的解决方案，尤其在保障性租赁住房公募 REITs 正式启航之际，对有效盘活存量租赁住房资产、拓宽保障性租赁住房融资渠道提供了重要智力支持。

在我国住房租赁企业及行业迎来历史性发展机遇的关键时点，作者对行业脉络的全盘梳理和总结，无疑具有重要的理论和现实意义。相信这本书可以为住房租赁行业相关人士带来新的启示和思考，也为关注行业发展、对行业抱有兴趣的普通读者提供了一个感知和了解该行业的有效入口。

希望更多人能关注住房租赁行业发展，加入行业建设中来，推动我国住房租赁行业健康可持续发展。

柴强

中国房地产估价师与房地产经纪人学会会长

前言

2016 年，我国正式推进以满足新市民、青年人住房需求为主的住房体制改革，建立"购租并举"的住房制度，大力发展住房租赁市场，推动住房租赁规模化、专业化发展。尽管从 1995 年起，我国廉租房、公租房市场已经逐步发展，但这一时期政策民生保障属性明显，住房租赁的市场化程度仍十分有限。

"十三五"期间，我国住房保障体系取得巨大成就，低保、低收入住房困难家庭应保尽保，公租房分配逐步放宽准入条件。住房需求发生迭代。"十四五"时期，我国城镇化将保持在较快发展阶段。根据中国社科院农村发展研究所测算，到 2035 年我国城镇化率或将达到 74.39%。这意味着未来还有近 15% 的人口将进入城市。城镇化率高企使大量"新市民"产生在大城市安家的居住需求。

从全球拥有较成熟住房租赁市场国家的实践来看，市场化机构类租赁住房正是伴随着工业化和城市化进程的加快应运而生的，成为满足住房需求的主要手段。无论是在拥有全球规模最大住房租赁市场的美国，保障性最佳的德国，还是"为租而建"的英国，机构化运营管理程度最高的日本，住房租赁市场都是由市场需求、政策引导与金融助力共同推动的产物。

2021年，国务院办公厅印发《关于加快发展保障性租赁住房的意见》，并将保障性租赁住房纳入基础设施REITs试点；2022年，"十四五"规划纲要提出扩大保障性租赁住房供给……一系列政策变迁与推动表明，构建以机构化统一运营管理、提供长期稳定租赁关系的住房租赁市场，解决好新市民、青年人的居住问题，既是解决大城市住房问题的关键所在，也是实现人民安居乐业、社会安定有序的需要。

在行业内，机构化住房租赁企业探索萌芽于2010年，在摸石头过河中创造新的经验。历经10余年时间，根据企业背景不同，5类典型的住房租赁企业基本形成——地产系、创业系、中介系、酒店系和资管系。至此，行业从"野蛮生长"的上半场步入"精耕细作"的下半场。尤其从各地"十四五"住房规划中可以看出，保障性租赁住房成为住房供应中当之无愧的中流砥柱。各参与方也积极投入保障性租赁住房的建设中。

当然，租赁住房尤其是保障性租赁住房在理解范畴上与以往的商品住宅大相径庭，不是把一栋公寓或一个社区建漂亮再销售出去那么简单，而是一个更加宏大的命题。将它单纯理解为不动产是很片面的。从商业本质或定义来讲，租赁住房不只是简单的空间，它需要运营，需要资产管理，需要社区治理，并与金融、科技、双碳环保等紧密相关，在注重社会效益的同时还要兼顾经济效益，非常复杂，需要一个可持续发展的长效机制。

同时，每个行业供给侧结构性改革的背后都蕴含着新的经济增长点。住房租赁行业也不例外，不仅将形成一个非常完善的上下游产业链，而且作为新行业会需要大量兼备酒店管理和物业管理的专业化、复合型人才。此外，随着首批三只保障性租赁住房REITs上市，住房租赁作为新经济行业，将为社会经济发展带来持续动能和诸多深层次的改变，对于这个命题我们需要持续研究与思考。

ICCRA 住房租赁产业研究院牵头出版本书的宗旨，就是希望厘清住房租赁行业的发展脉络，探索行业发展规律，为破除行业发展的痛点、难点找到解决方案。具体而言，本书尊重客观规律，以全球视野研究分析国际住房租赁市场的沿革、理论、实践、经验，然后聚焦本土化，在结合中国国情和现实的基础上，深入研究我国住房租赁行业的发展历程、发展现状和发展趋势，特别是聚焦住房租赁市场建设，关注专业化、机构化住房租赁企业发展。本书力求通俗易懂，既从微观中来，又到宏观中去，通过大量的图表传递专业知识，以期为行业上下游产业链的参与者及投资者提供一份助力，为推动住房租赁行业健康发展贡献一份力量。

特别感谢北京市中伦律师事务所合伙人孟宪石，中联基金合伙人、董事总经理范熙武两位主要作者对本书部分章节的贡献。

特别感谢中国房地产估价师与房地产经纪人学会会长柴强博士、中国人民大学国家发展与战略研究院高级研究员秦虹在本书的编写过程中提出了许多中肯的建议，推动了相关观点的形成。本书在创作过程中，还得到了来自美国公寓协会和英国公寓协会的支持，他们提供了部分国际市场前沿资料和许多有益的意见。

特别感谢北京富安中投资产管理有限公司董事长赵岩，从行业实践角度对本书部分内容提出了增益意见。

特别感谢中国建设银行建信住房服务有限责任公司、北京首都开发股份有限公司、上海城投控股股份有限公司的相关人员，他们为本书的研究工作提供了大量的资料与素材，并以不同形式对本书的编写提供了灵感与思路。

感谢中信出版集团的大力支持以及专业建议。

何其有幸，我能参与到住房租赁行业的发展中来。这个行业一头连着民生，另一头连着国家经济发展。让新市民、青年人的租住品质与经济社会发展相匹配，促进租住生活方式的形成不是一朝一夕的事，在发展的过程中还存在诸多问题需要加以克服。我知道这不是一件容易的事情，但我深信这是一件有意义的事情。如今，我将自己对行业研究和思考的一些初步成果进行系统总结，并汇聚业界的多方观点、研究成果和实践经验，整理成册，希望能借此机会抛砖引玉，引发行业更多的有益探讨。

得益于政策支持及市场需求的刺激，住房租赁行业进入快速发展期。本书的结论均由目前的所知、所学得出，难免存在局限性和不足，欢迎大家批评指正。

赵然

目录

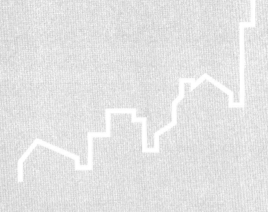

第一章

住房租赁市场
开辟万亿级新经济蓝海

住房问题关系民生福祉。解决人民群众的安居问题一直受到党和国家的高度重视。"房子是用来住的""租购并举"……近年来，政策端以前所未有的浓重笔墨，为房地产市场指出了发展方向。人们的住房观念也悄然发生变化，租赁住房逐渐与购房一起，成为获取理想安居环境的重要途径之一。

　　租赁住房由来已久，长期以来以居民出租个人闲置住宅的形式为主。直到2000年，我国在发布的第十个五年规划中，首次提出"深化土地使用制度改革，全面推行经营性用地招标拍卖制度，规范土地一级市场，活跃房地产二级市场，发展住房租赁市场"。住房租赁市场的培育逐步成为我国政府的一项重要举措。

　　"发展住房租赁市场"的"住房"主要指由机构统一运营管理的租赁住房，包括保障性租赁住房和市场化长租房两大类型。"机构化、规模化、金融化"成为发展住房租赁市场的关键词，也推动住房租赁向产业化的方向发展。

建设和发展住房租赁市场的历史契机

培育和发展住房租赁市场，是增加宏观经济稳定性、落实房地产市场供给侧结构性改革的有力举措。同时，也可以满足新时代居民对住房的多层次需求，有助于人口在城市间有序流动。因此，无论从保障民生的角度，还是促进经济发展的角度，住房租赁市场的建设与发展都势在必行。

宏观经济转型和房地产市场结构性调整的需要

宏观经济的稳定性通常与经济体的金融稳定性密切相关，宏观杠杆率是衡量一个经济体金融稳定性的重要指标。宏观杠杆率是指非金融企业部门、政府部门、居民部门的债务余额与国内生产总值（GDP）之比。通常，宏观杠杆率越高，意味着债务水平越高，每年经济体所承担的利息支付和本金偿付的压力越大。一旦经济增长出现波动，就容易引发债务危机。图 1-1 所示为 2018—2021 年我国宏观杠杆率的情况。

图 1-1　2018—2021 年我国宏观杠杆率

资料来源：国家金融与发展实验室。

一个经济体的宏观杠杆率通常由居民部门、非金融企业部门和政府部门的杠杆率相加得出。在我国，居民部门杠杆率是三个部门中攀升速度最快的，从2000年的不到25%增长至2021年的62.2%[①]。居民部门杠杆率是指居民负债与居民收入的比值，居民负债来源于房贷、车贷、信用卡刷卡消费以及常用消费贷款，其中房贷占比最大。因此，稳定居民在房地产上的负债支出是稳定居民部门风险水平的关键所在。

从房地产市场来看，2000—2020年，我国房地产投资不断增长，20年间完成额增长接近30倍，其中，2000—2010年是快速上涨期，年复合增长率约为30%，如图1-2所示。在此背景下，一、二线城市的高房价和三、四线城市的高库存成为我国房地产市场的两大突出问题，由此带来了一系列城市居民的住房供需错配矛盾。而解决这些矛盾需要增强供给结构对需求结构的适应性和灵活性，这就要求推进房地产供给侧结构性改革。

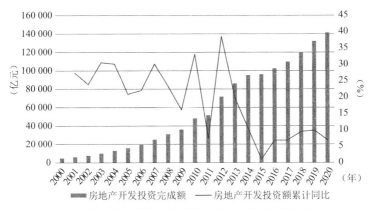

图1-2　我国房地产开发投资完成额及同比情况

资料来源：国家统计局。

① 资料来源：国家金融与发展实验室 . "三重压力"下杠杆率或将步入上行周期：2021年度中国杠杆率报告「R/OL」. （2022-02-15）[2022-10-18]. https://baijiahao.baidu.com/s?id=1724840639866449028.

因此，培育和发展住房租赁市场，有利于国家实现"稳地价、稳房价、稳预期"的目标，是促进房地产行业良性循环和健康发展的关键一环，有助于解决不同需求的居民住房问题，对促进宏观经济长期稳定具有积极意义。房地产市场的供给侧结构性改革着眼于强化民生保障的目标基础，一方面通过完善住房保障体系，实现供给结构的改善，其中，保障性租赁住房的发展是重要一环；另一方面加大租赁住房的供给，可以解决新市民、青年人的住房需求问题。

推进新型城镇化发展的重要着力点

"十四五"时期，我国仍处在城镇化较快发展阶段。国家统计局的数据显示，2015 年我国常住人口城镇化率为 56.1%，2021 年达到 64.72%。按照全球城镇化普遍的发展规律，当一个国家的城镇化率处于 30%~70% 的区间时，发展增速会处于较快水平，而中国正处于这一区间。这意味着我国的城镇化发展依然有着较大的空间，而城镇化过程中蕴藏的经济发展潜力巨大。根据中国社科院农村发展研究所测算，到 2035 年我国的城镇化率有可能达到 74.39%。这意味着未来还有近 15% 的人口将进入城市，大量"新市民"需要在大城市安家居住。

然而，人口净流入的大城市往往存在高房价的问题。高房价让新市民、青年人对于购置住宅可望而不可即，不得不选择租房子，导致住房租赁市场需求潜力巨大。但租赁传统民宅，通常会面临出租房屋存在安全及质量隐患、租约不稳定、租金涨幅不受控、报修维护不及时、租赁合同纠纷等一系列问题。"买不起房，租不好房"成为新市民、青年人的现实困难。构建以机构化统一运营管理、提供长期稳定租赁关系的住房租赁市场是解决以上问题的重要途径，将成为今后一个时期我国住房租赁行业发展的重要趋势。

从"有其居"到"优其居"

根据国际住房租赁市场发展经验，租赁住房需求可以分为三个层次：基础租住需求、品质租住需求、衍生租住需求。三个层次为递进关系。我国住房租赁市场经过 20 年的发展，由政府主导的大规模发展公租房和廉租房阶段已经基本结束，当前进入了市场化快速发展品质型租赁住房的阶段，由基础租住需求开始向品质租住需求、衍生租住需求过渡。

基础租住需求的特点概括起来就是"有其居"。在这一阶段，租住需求较为单一，承租人的关注重点依次为租金总价、物业位置及公共交通便利性、基础居住环境三个方面。随着城镇化进程的不断加快，新市民、青年人的租赁住房需求正在发生质的提升。特别是随着 Z 世代进入承租人行列，其所具有的良好教育背景、国际化视野、讲求生活品位、追求仪式感、愿意且敢于为极致服务买单的特点，使得 Z 世代承租人在租住需求方面更加追求高品质，"个性化""主题性""设计感强""配套设施丰富""定制化社交活动"等都成为品质租住需求的高阶标签，也是"优其居"的进化路径。

此外，随着新市民、青年人逐步融入所在城市，对于提高"市民化"程度的要求越来越迫切，而加快"市民化"进程的必要条件之一就是实现"租购同权"。因此，满足承租人能够享受与房屋所有权人机会均等的公共服务权利，即衍生租住需求——承租人能够就近享受子女教育、卫生服务、养老服务、社会保险、住房公积金提取等方面的公共服务权益的呼声越来越高。可通过租赁赋权消除"租购不同权"，使租赁住房服务于"租购并举"的国策，真正实现以人民为中心的"优其居"。

满足新市民、青年人的多元化居住需求

伴随着消费结构不断升级、消费潜力逐步释放，新市民、青年人的租住需求也开始呈现多元化的态势。承租人的家庭结构会随着时间推移发生改变，由单身到组织家庭，甚至到多子女或三代同堂。如果他们仍选择租住的生活方式，原本市场上的小户型独居产品显然无法满足其需求，他们会转向租赁两居室、三居室等多居室户型。新经济的发展，如直播主播等新职业的出现，以及弹性办公等新模式的流行，都使租住客群对于居住环境，特别是室内空间大小和设计的要求更为精细化。此外，新市民、青年人的生活方式也在悄然变化，如养宠人群渐成规模，催生了对于特定承租人群居住环境方面需求的关注和调整。

释放消费潜能，提振消费信心

在我国城镇化的过程中，流动人口占城镇总人口的比重越来越大。对于城市流动人口，住房问题是其能否扎根城市、融入城市的关键问题。然而，高昂房价拉动的房地产市场短期上扬，与经济长期健康发展形成了对立关系。

青年人不仅要留在城市，更要成为真正的新市民。然而，高房价的裹挟、高房贷的压力严重影响家庭债务结构，阻碍了其他类型消费资源配比，也在一定程度上影响了生活方式和生产结构。

此外，高昂的房价会倒逼一些人重新考虑该地的宜居性，特别是第二、三产业流动劳动人口，会导致城市流动劳动人口的就业转移，从而对经济社会产生影响。

随着租购并举政策措施的逐步完善和落地，住房租赁市场的健康发展不仅可以差别化调控青年人的居住需求，而且可以改善较差的居住体验，缓解房租随时上涨的压力。当青年人、新市民的居住观念更加理性，消费动力也会更加健康且可持续。

产城融合发展的破局性思考

探索产城融合问题，对于现阶段推进新型城镇化有着十分重要的意义。"产城融合"是指产业与城市融合发展，以城市为基础承载产业空间和发展产业经济，以产业为保障驱动城市更新和完善服务配套，进一步提升土地价值，以达到产业、城市、人之间有活力、持续向上发展的模式。产城融合发展有助于利用城区的综合资源和政策优势，吸引人才、优化人口结构，构建新发展格局。在此过程中，如何实现"职住平衡"是产城发展要进行的思考，也是住房租赁行业能够为产城融合提供保障的动因。

"职住平衡"是指在一定的地域范围内，职工数量与住户数量大体保持平衡状态，大部分居民可以就近工作，反映的是居住功能与就业功能的匹配程度。合理的职住关系有利于减少通勤量和城市交通拥堵，降低通勤时间，改善人们的出行体验和生活质量。

在影响职住平衡的因素中，住房供给占据重要位置。为了引进人才，大城市不仅需在产业区内或周边配备居住区，而且应融合复合多元、体系完备的配套性功能区，以此纾解"职者不居"的问题。

在租赁住房筹集渠道中，无论是产业园中不超过 15% 用地面积用于新建和配建专项居住用地，还是集体经营性建设用地、企事业单位自有闲置用地，各地政府都鼓励租赁住房供给紧密与产业区相结合，有效解决职住平衡问题。

"若想引得凤凰栖，先需栽下梧桐树。"着力解决好各类英才普遍关心的住房问题，是各个城市引才聚才的重要一步。筑巢引凤需要构建多主体供应、多渠道保障、租购并举的多层次人才住房安居体系，不仅需要过渡性、保障性且经济舒适的租赁住房，还需要适合人才长期定居的品质型、社区化的租赁住房。同时，特大型城市通常第三产业占比较高，对于从业人员的吸纳量也大，特别是对于保安、保洁、餐饮、快递物流等生活保障性服务行业，如何在工作地附近解决基层从业人员的住宿安置问题，是保障城市功能顺畅运转的关键。因此，很多城市都鼓励利用轨道交通便利、生活配套设施丰富区域的闲置非居住类存量物业进行改造，特别是改建成宿舍型公寓。

此外，对于产业新区来说，完备的配套保障也是招商引资的硬核助力。配套保障不仅仅是做好水、电、气、通信、路以及排污水管网等涉及标准厂房建设及投用的要素保障支撑，还要做好与生产和研发相配套的住宿设施与生活设施保障，解决入驻企业和员工的后顾之忧。这也是很多产业新区都逐渐形成"产业园区 + 租赁住房"住房模式的原因。

住房租赁行业的发展逻辑与内在价值

《中共中央关于制定国民经济和社会发展第十四个五年规划和二〇三五年远景目标的建议》及 2021 年"两会"报告，分别提出要"完善长租房政策"和"规范发展长租房市场"。长租房可定义为由机构统一运营管理的租赁住房，分为保障型和市场型两类、集中式和分散式两种，以此为基础构成了我国住房租赁市场。现阶段，我国住房租赁市场已逐步发展成保障民生稳定、促进消费增长、稳定房地产市场、促进城镇化建设的重要抓手。

在快速发展的过程中，住房租赁行业一直面临着来自土地、存量物业、资金、运营、税费政策等多方面的挑战，这些挑战制约了整体住房租赁市场的发展，特别是集中式租赁住房的发展。要应对这些挑战，需要深刻理解住房租赁行业发展的内在逻辑，实现对住房租赁行业发展从认知转向认可的飞跃，促使住房租赁行业迈向高质量发展轨道。

行业发展的三大关键词

尽管住房租赁行业在我国发展时间尚短，但结合欧美等成熟市场的行业发展实践不难看出，一个具备良好发展态势的住房租赁市场，必须具备机构化、规模化、金融化三大基因。这也是兼顾社会效益与经济效应，构建住房租赁行业可持续发展的长效机制的关键。

"机构化、规模化、金融化"这三大关键词中，机构化是基础、是前提，规模化是行业发展壮大的必由之路，金融化则是行业从萌芽走向成熟的助推力。三者相辅相成，互为促进。

机构化

所谓机构化，是指租赁住房从项目选址到新建开发或存量物业改造，再到招租、招商，以及后续日常运营管理，均由租赁住房运营管理机构统一完成。租赁住房运营管理机构的大量出现是行业进入规范化发展阶段的标志，有利于彻底改变以往住房租赁市场服务意识差、保障不足等痛点，为提升整体租住品质赢得更大的发展空间。

与国际成熟市场相比，我国的住房租赁市场尚处于起步阶段，机构化程度较低。根据 ICCRA 住房租赁产业研究院（以下简写为 ICCRA）对市场化机构类租赁住房在整体住房租赁市场占比的研究，2010—2019 年，中国、澳大利亚、爱尔兰、法国占比均在 10% 以下，日本、西班牙、比利时、挪威、英国占比不足 30%，美国、瑞士、芬兰占比在三至四成左右，而德国、荷兰占比则接近或超过 50%，如图 1-3 所示。

机构化运作模式有利于提升住房租赁市场的运营水平与专业能力。一方面，机构化运作模式可以使租赁住房选址更加精准，规划及产品设计更加合理；借由高效的运营管理，使租赁住房空置率长期

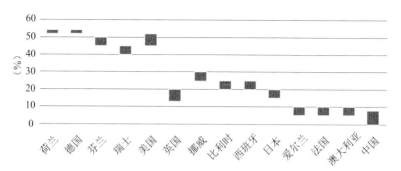

图1-3　全球主要国家市场化机构类租赁住房在整体住房租赁市场占比（2010—2019）

注：中国数据统计期间为 2019—2021 年。

资料来源：CROOK T,KEMP P A.Private Rental Housing:Comparative Perspectives [R/OL]。（2014-12-23）[2022-10-12]. https://link.springer.com/article/10.1007/s10901-014-9434-1.

维持在低点，且租金呈现逐年稳步上涨趋势；专业化服务能力也是促进收入渠道多元化、降低运营成本的基础。另一方面，机构化有利于相关部门对租赁住房运营主体进行监管，有助于整合不同市场参与者资源形成利益共同体，构建长期稳健且规范的住房租赁发展模式。

机构化运作模式也是提升租户满意度、推广租住生活方式的必由之路。随着消费升级的不断推演，租户开始在房源品质、居住体验、设计美学、生活服务、智能科技甚至是社交场景等多个方面产生诉求。机构化运作能够依托住房租赁企业的强大研发能力，不断创新产品的升级迭代，从而满足租户对于品质化租住的进阶要求。同时，住房租赁企业通过在管理、运营方面的效率优势，可以不断改进租住体验，提升租户满意度。

规模化

无论是政策端对于"加快建立多主体供给、多渠道保障、租购并举的住房制度"的要求，还是市场端不断释放的租住需求，都使得规模化发展逐步成为稳中求进的住房租赁企业的发展主基调。从ICCRA 长期监测的机构化集中式租赁住房项目来看，按照房间数量这一相同口径统计，在住房租赁市场快速发展的 10 个重点城市[①]，2021年租赁住房规模与 2019 年相比，均有不同程度的涨幅，如图 1-4所示，10 个重点城市住房租赁市场规模平均增幅达到 122.9%，即在两年之内实现了规模翻番。

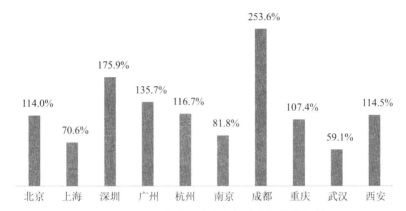

图 1-4　全国 10 个重点城市租赁住房规模增长情况
（2021 年相比于 2019 年）

　　规模化成为我国住房租赁市场的发展趋势。一方面，租赁住房规模化为城镇化率的进一步提升提供坚定支撑，也是稳妥实施房地产长效机制，稳地价、稳房价、稳预期的关键。"十四五"期间，40 个重点城市[②] 初步计划新增保障性租赁住房 650 万套（间），预计可帮助

---

① 北京、上海、广州、深圳、杭州、南京、武汉、成都、重庆、西安。
② 北京、上海、广州、深圳、杭州、南京、武汉、成都、重庆、西安、天津、石家庄、太原、呼和浩特、沈阳、大连、长春、哈尔滨、无锡、苏州、南通、常州、宁波、合肥、福州、厦门、南昌、济南、青岛、郑州、长沙、东莞、佛山、南宁、海口、贵阳、昆明、兰州、西宁、银川。

1 300 万新市民、青年人等群体缓解住房困难。另一方面，住房租赁企业适当规模增长，是企业走上可持续健康发展路径的重要前提。对于持有运营类业态来说，利润与规模通常存在一定的正相关性。

住房租赁企业仅运营单个项目，是能够维持较高的毛利润水平的；可一旦需要进行产品和服务的优化，就会存在人力、物力等多方面投入，这些成本不可避免，在进行整体成本摊销之后，仅靠有限的运营管理规模不足以支撑盈利。为此，足够体量的租赁住房对于摊薄固定成本、提高运营效率、提高利润率具有积极意义。此外，规模化往往与标准化相辅相成，标准化助力住房租赁企业进一步优化和降低运营成本。

除了上述提到的内因，互联网和信息化的迅速发展，以及创新金融工具的应用，都将成为住房租赁市场快速规模化的外部驱动力。信息技术和系统化平台的快速发展，不仅提高了住房租赁企业的运营管理效率，也极大增强了企业的投拓能力，特别是对行业内的中小企业快速规模化的助益越来越显著。而 ABS（资产支持证券）、类REITs（资产证券化的一种）以及公募 REITs 等创新金融工具，则通过助力住房租赁企业提高融资能力、扩大融资规模，为企业发展提供更多的资金支持，从而加速企业的规模化进程。

金融化

金融化，狭义的理解是指机构化住房租赁企业通过与金融机构的相互协作，利用创新金融工具，多渠道筹集资金，从而扩大资产及运营管理规模，降低运营与融资成本，提高收益率，形成持续稳健的住房租赁商业模式，最终构建促进行业良性发展的长效机制。从全球住房租赁市场的发展实践来看，行业的发展离不开金融的协同。金融化是建立在住房租赁企业机构化程度不断提高、管理规模不断增加的基础上，同时，又通过反哺的形式，促进机构化企业的资源聚合能力、投融资能力、精细化运营管理能力提升。

我国住房租赁市场的演进与金融创新密不可分。从 2010 年开始，通过银行小额授信模式、趸缴租金模式，金融开始尝试与住房租赁行业结合。到了 2013 年，VC（风险投资）资本开始进入长租公寓市场布局。借助金融力量，一批住房租赁企业开始通过承租运营的"二房东"模式，迅速扩大业务规模，占据了一定的市场份额。至 2016 年，"二房东"模式的机构化企业已顺利完成首轮成长和积累，并开始尝试利用消费信贷 ABS 和租金收益权 ABS 继续进行融资模式的创新探索。从 2017 年开始，行业迎来重资产模式的金融创新探索，不仅 CMBS（商业房地产抵押贷款支持证券）和类 REITs 成为重资产模式住房租赁企业的主流融资工具，基础设施公募 REITs 开始与保障性租赁住房结合，同时，银行类和非银行类金融机构也积极参与其中。可以预见，"十四五"期间全国新增 650 万套（间）保障性租赁住房的计划势必离不开金融作为推手。

广义上，金融化还涉及住房租赁运营企业与租户端发生的资金关系。从租户端来看，租户支付租金的周期和节奏，以及除支付租金外其他的物业费、服务费等非租金支出，其核心还款来源是租户的信用和消费能力。租户能否依靠自身的信用从银行等金融机构处获取消费信贷金，也是租住生活方式推广和普及、住房租赁市场供需结构稳定且可持续发展的关键。

住房租赁运营企业的商业模式

我国住房租赁行业的起步与全球大多数国家和地区一样，始于存量物业的盘活再利用。城镇化进程不断加快，城市土地成本不断被推高，购房成本不断攀升，使居民购房负担沉重，孕育了新的租住商机。一些个人或机构开始把一些闲置或使用效率低下的存量物业承租下来，改建成长租公寓，形成了住房租赁行业的最初商业模式——承租存量物业运营管理的中资产模式，俗称为"二房东"模式。

之后，在巨大的市场需求驱动下，一批中资产模式的机构化住房租赁运营企业通过规模扩张、产品及服务的迭代升级，积累了丰富的选址、改造、运营管理等经验，开始尝试走运营管理输出的轻资产模式。

与此同时，传统房地产企业面对房地产结构性调整的大趋势，开始探索新发展路径，部分企业进入住房租赁市场。由于这些企业本身持有一些存量物业，通过重新定位及改造，华丽转身为持有重资产物业的住房租赁运营商。此外，国家对于住房租赁行业的政策扶持，又使得这些企业拥有了获取土地、新建开发租赁住房项目的机会。由此，开发及存量改造的重资产持有与运营模式开始出现并发展起来。

目前，上述三种商业模式在我国住房租赁行业仍普遍存在，不少住房租赁企业并非仅采取一种模式，而是将两种甚至三种模式兼收并蓄。究竟哪种模式或哪几种模式的组合更符合行业发展逻辑，抑或更适合我国国情？非常值得行业深入探究。

运营管理输出的轻资产模式

轻资产模式是与重资产模式相对的概念。前者的核心理念是通过最轻的资产（抑或最少的固定资产投入）去撬动最大的资源，产生最多的利润。轻资产模式将重资产和非核心业务剥离，使得住房租赁企业着眼于构建项目拓展与选址能力、产品研发设计、供应链体系、运营服务、人力资源管理、租户拓展及关系管理、品牌影响力等方面的软实力资源，聚焦价值链高效能环节，以自身比较优势为支点，依靠输出品牌与管理技术进行业务扩张，动态整合产业链各环节利益相关者的资源。

对于住房租赁企业来说，运营管理输出的轻资产模式可以分为两类：一是品牌输出型，二是管理输出型。两者的区别在于，较之后者仅仅进行管理能力的输出，并收取管理费，前者还会通过品牌价值对所运营的物业再次赋能，收取的管理费中通常也包含品牌使用费。

运营管理输出的轻资产模式普遍存在于地产行业持有运营的业态中，如购物中心、酒店等。在这些持有运营业态中，酒店行业与住房租赁行业最为相似，特别是住房租赁行业中不少轻资产模式的运营企业都是从酒店管理公司转型而来。此外，由于酒店行业在中国的发展已进入相对成熟阶段，因此可以通过与酒店行业对比，对我国住房租赁行业运营管理输出的轻资产模式进行更为深入的分析。

具体而言，现阶段，我国轻资产模式的住房租赁企业，技术软实力的打造仍在探索阶段，品牌软实力和轻资产模式下的衍生商业模式均尚未形成。技术软实力主要包括核心产品规划设计能力和运营管理能力，以及支持性体系（如运营管理信息系统平台、人力资源培训与发展能力、供应链支持体系等）。通过最近 10 年的发展，行业中已有一批头部企业形成了一定的技术软实力。然而，由于行业整体发展处于起步阶段，租户需求特征在不断形成的过程中，因此企业技术软实力仍有待提升。更重要的是，由于我国住房租赁行业中各参与方协同效应尚未形成，很多轻资产模式的企业只能"一肩挑"地完成支持性体系自建，而国外成熟市场的行业支持性体系（如运营管理信息系统平台等）均由独立第三方公司构建，并向整个行业输出。协同效应的缺失使我国轻资产模式的住房租赁企业无法将有限的资源全部聚焦于核心技术软实力打造。在这种情况下，各企业的技术软实力差异性不明显，品牌价值也无法凸显。

此外，对于酒店业态，在轻资产模式企业的品牌软实力形成后（如万豪酒店管理集团、希尔顿酒店管理集团等），可以通过特许经营的形式，以更轻的模式进行品牌授权。该模式是轻资产模式下的衍生商业模式，可以有效降低轻资产模式下委托管理所产生的运营管理费，资产委托方也有更灵活的人事管理权和行政管理权。这也是住房租赁行业轻资产模式企业未来可以探索的业务方向。在衍生商业模式尚未形成时，轻资产模式企业更多的是以咨询顾问的形式为资产委托方提供市场调研、前期项目定位策划、产品研发等。

综上，我国住房租赁行业的轻资产模式企业在现阶段的收入结构主要以管理费为主，辅以少量咨询顾问收入，未来可以继续探索特许经营模式下的品牌输出，如图 1-5 所示。从收入规模上看，增加管理规模是扩大收入规模的最有效路径，同时也是各企业形成竞争壁垒的关键。此外，从融资路径上看，轻资产模式企业可以通过股权融资、IPO（首次公开募股）、资产证券化等路径筹集资金，从而为持续经营进行资金准备。一定的管理规模是决定企业是否能够在资本市场上顺利融资的关键指标。

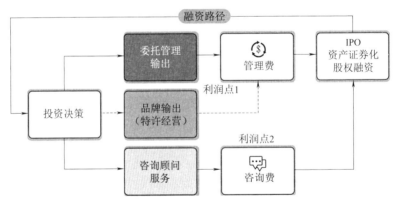

图 1-5 轻资产模式企业的闭环商业路径

承租存量物业运营管理的中资产模式

相对于运营管理输出的轻资产模式，"租赁 – 运营"的中资产模式是指通过租赁方式取得存量物业的使用权，经过标准化改造或装修后，统一出租管理的一种模式。在中资产模式下，住房租赁企业相当于将存量物业转租的"二房东"，在对承租的存量物业进行装修和改造后再将其租给租户，以其中的租金差作为主要盈利来源。

中资产模式是包括我国在内的众多国家和地区，发展住房租赁市场时最先出现的商业模式。中资产模式在盘活存量房源、规模化提供租赁住房的过程中发挥着非常重要的作用。[①]尽管中资产模式有利于住房租赁企业快速实现规模化发展，迅速构建企业的市场竞争优势，但该模式在实践过程中存在诸多挑战。首先，企业前期需要投入大量资本且回收期长，一旦市场环境出现波动，会对整体经营造成一定压力。同时，在自有资金不足的前提下，大量资金投入往往会为企业带来过度金融化的风险。其次，企业在承租存量物业时，极可能面临着同业竞争或异业竞争（如酒店、办公业态等）所引发的承租租金上涨压力。一旦承租租金过高，就会使中资产模式企业的利润来源——租金差大幅缩小，从而引发经营压力。最后，承租物业的租赁期限不稳定，也会为企业的经营带来风险和压力。北京大学光华管理学院租赁住房研究课题组的研究显示，房屋出租的总期限和稳定性是影响出租房源修缮的重要因素，而出租房源的品质将直接关系运营企业的经营收入和利润。

在实践中，相对于轻资产模式，尽管中资产模式利润来源只有通过运营管理获得租金差这一条路径，如图1-6所示，但对住房租赁企业的综合能力要求更高。特别是中资产模式公司在实现规模化过程中，需要大量的外部融资，企业不仅要具备轻资产模式公司的

---

① 资料来源：北京大学光华管理学院租赁住房研究课题组. 发挥租赁企业中资产模式盘活存量房源的作用，完善长租房供给体系 [R/OL].（2022–05–13）[2022–10–18]. https://www.gsm.pku.edu.cn/info/1740/24954.htm?from=singlemessage.

一系列技术软实力，而且还需要具备丰富的投融资能力和资金管理能力。

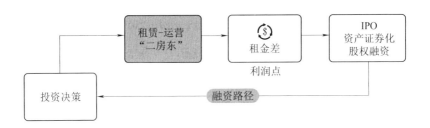

图1-6　中资产模式企业的闭环商业路径

综上，中资产模式若要实现良性发展，一方面离不开金融机构的支持（企业在缺乏自有资金的情况下，难以实现规模化管理）；另一方面离不开政府有效监管，特别是避免企业在承租存量物业时出现恶意竞价抬高承租租金，从而引发过度金融化的风险。

开发及存量改造的重资产持有与运营模式

重资产模式是典型的"持有-运营"模式，即通过自建开发或者收购存量物业，打造租赁住房产品，提供出租运营的模式。与轻资产模式和中资产模式相比，重资产模式具有投资回报周期长、利润来源多样、融资路径多元的特点，同时也需要重资产模式企业具备极强的资产管理能力。

首先，在重资产模式下，企业通过收购物业、开发新建获取并持有房源，不仅投入的资金量级较其他两种模式呈几何倍数增加，而且筹建改造所需的时间通常也相对更长，过程中面临的不稳定因素也更多。这就要求企业在融资、投资、开发、设计、建设等环节均具备相匹配的能力和资源。在实践中，房地产开发企业、基金公司往往更具备上述能力和条件。

其次，进入运营管理阶段后，重资产模式企业会拥有更多的利润点。如图 1-7 所示，第一个利润点为运营管理带来的利润，这与轻资产模式和中资产模式下的运营管理利润点趋同。第二个利润点是持续运营期间，对资产进行一次甚至多次翻新改造后获得的利润增长。这是重资产模式与其他两种模式的重要区别。在重资产模式下，企业的运营管理期限持久而稳定，因此更愿意通过不断修缮、改善和提升物业品质，使物业始终维持在最佳居住状态，从而在市场竞争中保持优势地位。经过一段时间的运营后，物业客源结构会随着所处区域的发展而发生变化，需要通过重新定位和改造以适应新的目标客群。我们对美国管理规模排名前 20 的住房租赁企业经营数据进行研究后发现，2012—2020 年，通常每次翻新和改造平均可使租金水平上涨 13%，为企业带来利润增长。第三个利润点来自出售资产获得的资产增值回报。重资产模式企业通常会根据企业在不同阶段的战略目标收购或出售部分物业。通过出售资产带来的资产增值回报是重资产模式企业获得超额利润的重要途径之一。

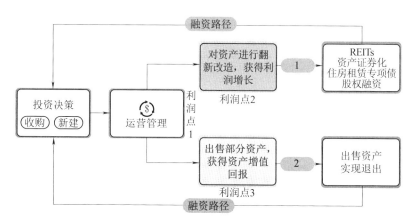

图 1-7　重资产模式企业的闭环商业路径

最后，在重资产模式下，企业的融资渠道更为多元化。由于拥有底层资产，企业除了轻资产模式和中资产模式的融资路径之外，还可以通过重资产进行债权融资，也可以利用公募 REITs 这一创新型金融工具在公开市场进行融资。同时，在适当时机进行物业的出售，也是合理变现、回收资金的有效途径。

"轻、中、重"三种模式的比较与组合

从国际经验和实践来看，在住房租赁市场起步阶段，企业通常以"租赁－运营"中资产模式为主；随着市场需求的逐步释放和政策加持，特别是金融工具的引进，"持有－运营"的重资产模式开始快速发展；在市场进入成熟阶段后，部分中资产和重资产模式下的企业通常凭借在运营管理方面积累的比较优势，形成品牌价值，从而开启"委托－运营"的轻资产模式。

轻、中、重三种商业模式在现阶段我国住房租赁市场发展过程中普遍存在。不同企业依据自身资源和不同的行业背景，选择不同的商业模式。其中，具备酒店运营管理背景的企业更倾向"委托－运营"的轻资产模式；通过股权融资获得资本支持的创投系企业在起步阶段会选择"租赁－运营"的中资产模式，在具备一定规模后，开始转向"委托－运营"的轻资产模式；地产开发企业往往选择"持有－运营"的重资产模式，辅以"委托－运营"的轻资产模式；而私募基金公司则普遍选择"持有－运营"的重资产模式。

随着政策监管力度的不断加大，我国住房租赁行业正在迈向规范化发展阶段。在重新审视经营风险后，住房租赁企业在商业模式选择上也会更加审慎。从目前的行业实践来看，住房租赁企业的商业模式开始向更轻和更重的两极化方向发展，单纯"租赁－运营"的中资产模式逐步淡化。一方面，受新冠肺炎疫情影响，中资产模式的脆弱性和不确定性凸显，加之资产价格逐年提高，利润空间几乎

被挤压殆尽。部分运营能力较强的中资产模式企业开始打造专业化租赁服务和精细化运营管理,谋求向"委托－运营"的轻资产模式转型;部分资金实力较强的企业,则通过收购或参与新建的方式获得租赁房源,从"租赁－运营"转向"持有－运营"的重资产模式。另一方面,行业利好政策不断释放,特别是在土地、金融、财税三驾政策马车的保驾护航下,"持有－运营"的重资产模式企业资产持有成本有效降低,更坚定了其通过获得长期稳定收益及未来资产增值收益的信心。在坚持重资产模式的进程中,企业的品牌影响力和品牌价值也不断凸显,加上强大的资产管理能力加持,无形中会增加其在轻资产模式下的竞争力,从而形成以重资产模式为主、轻资产模式为辅的商业模式。

"投、融、建、管、退"的商业闭环

"轻、中、重"三种商业模式是相对于住房租赁运营企业而言的。对于资产持有方来说,更关注的是通过运营管理使资产保值增值。这就需要引入"资产管理"的概念,形成"投、融、建、管、退"的商业闭环。

住房租赁行业的资产管理逻辑

资产管理的概念最早产生和应用于金融领域,而后延展至持有运营的不动产领域。在不动产领域,资产管理的目标是实现资产或资产包的保值增值。通常,资产管理目标是站在资产持有方(产权方)角度确立的,并通过运营管理方,以及物业管理公司(如有)共同实现。

租赁住房的资产管理目标主要分为短期目标和中长期目标。

短期目标包括:(1)通过为租赁住房量身定制合适的运营策略,

以推动收入增长；（2）通过具有前瞻性的运营监督，从风险被动处理向主动识别转变，降低成本，实现利润最大化；（3）在力求利润最大化的同时，巩固和提升项目的品质与租户满意度。

中长期目标一般是通过高效的资本配置和管理，优化资产业绩，提升资产价值，可以具体分解为三个动作：（1）通过寻找新的收入来源，创造资产不断增值的机会；（2）通过资本和运营改进计划提高或优化现有的资产或资产包价值；（3）匹配恰当的融资工具，实现部分或全部资金的回收和再投资。

持有运营类不动产的资产管理通常会经历"投、融、建、管、退"5个环节，并形成一整套逻辑、工具和方法论。不同的资产持有方会根据不同的情况选择合适的策略和路径。资产运营是资产管理的一个重要环节/手段/工具，但资产运营并不是资产管理的核心。在"投、融、建、管、退"闭环中，还需利用各种投资手段收购或开发，或者借助资产交易市场、金融工具/资本工具进行融资和退出。

政策支持下，资产持有方的商业闭环模式逐渐清晰

自2021年起，我国国家及地方性行业支持政策频出，内容主要涉及行业规范和监管政策、鼓励行业发展的金融财税政策和土地政策等方面，特别强调了加大保障性租赁住房的供应。在一系列政策的引领下，构建和完善租赁住房特别是保障性租赁住房"投、融、建、管、退"的商业闭环模式正在加速推进。这有助于充分调动市场的积极性，引导和鼓励多元化市场主体参与行业建设和发展。

从政策内容看，在投融资环节，积极鼓励多元融资渠道参与；在开发建设环节，一方面对土地资源和非改租项目给予相应政策倾斜，另一方面给予行业实际的财政补贴；在运营环节，除了给予财政补贴，还切实减免增值税、房产税等相应税费，缓解企业运营的税负压力；

在退出环节，鼓励行业对于公募 REITs 等创新金融工具进行积极应用和探索。

"投、融、建、管、退"是住房租赁行业全周期运转的 5 个环节，彼此之间相互渗透、相互影响、相互完善。我国住房租赁行业经过多年发展，目前在"投、建、管"环节均积累了相当多的有益经验，但在"融"和"退"环节，路径较狭窄，受制条件较多。在融资环节，住房租赁行业通常需要匹配"长周期、大规模、低成本"的资金。随着资本市场对行业认知程度的提升，以及银行等金融机构，特别是险资机构参与其中，再辅之以相应的支持政策，相信行业的融资环境会得到优化和改善。而随着各环节衔接度的提高，融资与投资逐步打通指日可待。在退出环节，虽然渠道已经日渐明显，但受制于行业规模不足，以及盈利能力有待提升等问题，目前能够真正走入退出环节的项目和企业凤毛麟角。因此，还需要在前 4 个环节不断修炼内功，才能实现"投、融、建、管、退"商业闭环的整体联动，形成良性循环，赢得良好回报。

万亿级新经济蓝海加速而至

无论从民生保障层面，还是市场前景角度，抑或产业链协同联动，住房租赁市场都具备广阔的发展空间，是房地产探索新的发展模式下的新蓝海之一。

从政策端看，民生保障政策频出，积极鼓励多渠道、多主体供给保障性租赁住房。从供给端看，政策红利充分释放到应享企业，加上房地产供给侧结构性改革的驱动，无疑为产业链上下游注入了"强心剂"，大批房企纷纷转型探索新增长模式，进军住房租赁市场。从需求端看，城镇化进程衍生出大量流动人口、房价高企、限购限贷，导致部分住房需求从购房市场外溢到租赁市场；首次置业年龄的不断延迟，间接增加了租赁需求。一言以蔽之，住房租赁市场发展可期。

住房租赁行业兼具不动产属性、服务属性、金融属性。同时，在数字经济时代，数字技术驱动各行业转型升级是大势所趋，住房租赁行业的数字化转型也越加明显。这些都决定了住房租赁行业是不同于以往的新经济行业。

从民生和规模看住房租赁市场前景

"住有所居"是"民生七有"的重要内容之一，切中了住房的核心要义，住房要逐渐回归居住属性。这一民生属性决定了住房租赁行业要紧密结合不同关键群体的需求，通过建立多层次租赁住房供给体系、提升民生保障对象的居住体验和租住服务质量，实现更多人群安居、宜居、优居。

以高校毕业生、新白领、新蓝领等为代表的新市民及青年人，是我国城镇化进程中的关键群体，对促进城市新业态发展、稳定社会就业、拉动内需、带动国内大循环都发挥着支撑作用。因此，解决好新市民、青年人的居住问题，既是解决大城市住房问题的关键所在，也是实现人民安居乐业、社会安定有序的需要。

目前，流动人口是我国租赁住房第一大需求群体。2020年第七次全国人口普查数据显示，我国流动人口约3.67亿人。按照50%的流动人口需要租房居住来估算，我国租房人口规模可达1.835亿人。根据国家统计局公布的数据，2020年，全国城镇企业私营单位就业人员每月平均薪资4 810元，全国城镇非私营单位就业人员每月平均薪资8 114元。按照4 810元的下限计算，如果30%的薪资用于租房支出，则我国当前住房租赁市场年租金收入将达到3.18万亿元，形成绝对的万亿级市场规模体量。同时，按照1.835亿的租房人口计算，约占我国人口总量的13%，距离发达国家成熟市场30%左右的住房租赁人口比例还有较大上升空间。

随着租赁人口比例的持续正向增长，促使租赁住房发展匹配完善、宜居、宜业的居住环境，例如租赁房源面积要求、配套设施要求等，这些都将带来新的市场机遇。

住房租赁行业是新经济行业

关于"新经济"的定义，学界目前还没有统一标准的概念，一般将具有新产业、新业态、新商业模式的行业定义为"新经济"行业。国家统计局文件《新产业新业态新商业模式统计分类》显示，新经济主要包含9类：现代农林牧渔业、先进制造业、新型能源活动、节能环保活动、互联网与现代信息技术服务、现代技术服务与创新创业服务、现代生产性服务活动、新型生活性服务活动、现代综合管理活动。新经济行业往往具备可持续快速增长的特征，并属于国家产业政策重点扶持的行业。

住房租赁行业持续获得政策支持，且兼具不动产和服务双重属性，同时与金融紧密结合，以数字化、智能化作为发展引擎，可为社会经济发展带来持续动能和诸多深层次的改变，属于新经济9类中的新型生活性服务活动。

租住生活方式的形成

在城镇化进程不断演进的大潮中，租房将会越来越成为一种常态化且被普遍接受的生活方式。这一点在发达国家均得到多次验证。租住生活方式的普及不会以量的简单堆积来完成自我进化，而是在市场革新力量的驱动下，形成新的游戏规则，吸引新的主导力量，不断迭代商业模式，不断推动行业前行。这意味着，市场将出现更高层次、更多元化的需求，租赁住房产品不仅要提供美好和舒适的居住空间，还要关注到客户的情感、文化和社交诉求等，市场需求将驱动供给侧不断进阶发展。

上下游产业链的联动发展

每个行业供给侧结构性改革的背后都蕴含着新的经济增长点，住房租赁行业也不例外，将形成一个非常完善的上下游产业链。以美国住房租赁行业为例，该行业供应商有 100 多类，是庞大复杂的产业链。我国的住房租赁行业在政策扶持和市场推动下，包括设计、建造、家具家电、智能化设备、信息管理系统、租房交易平台、金融服务等一系列细分领域在内的产业链格局已渐具雏形。同时，越来越多的供应商在调整产品研发模型，以适应住房租赁行业的需求特点，未来行业上下游产业链将越发完整。

此外，租赁住房通过提供居住空间，指向租户的"私域"，更具提供居住相关增值服务的想象空间。企业可以将租赁住房视为一个服务终端平台，扩展餐饮服务、家政服务、生活消费服务、宠物服务、儿童 / 老人托管服务、娱乐服务以及各类高科技体验等服务，形成"租赁 + 消费"模式。与酒店需要突破房费收入瓶颈一样，租赁住房也需要突破租金瓶颈——尤其当前基于民生考量，租金尚存天花板的时期，就更需要深挖增值服务。在租赁住房较长期限内，运营管理方容易与租户建立更加长期的联系，基于大量的客群基数带来大量的消费数据，使未来定制化、体验化服务成为可能。

然而，行业在充满机遇的同时，也面临着一些挑战。当住户把租赁住房当"家"时，很多功能可以自发完成，譬如家务、餐饮等，私域相对"关闭"。同时，大量本地生活服务提供者可以为其提供竞争性服务。如何通过情感连接，使住户愿意打开私域或是走出私域，是未来行业需要思考的问题。

金融与实体经济相辅相成、互促共进

住房租赁行业作为实体经济，可以为金融行业提供服务场景和目标客源。金融服务住房租赁行业不仅在于为行业提供资金保障，而且在风险可控的条件下还可发挥金融创新功能，通过因地制宜的服务，创造一个有效率的"试验场景"，培育新的经济增长点。可以说，住房租赁行业与金融行业是相辅相成、互促共进的关系。

在宏观层面，住房租赁产业不仅会推动房地产市场的结构性重塑，也对金融行业产生深刻影响。考虑到持有租赁住房资产的资金成本和流动性问题，仅依靠以银行信贷为主的债权融资方式难以充分满足住房租赁企业的资金需求，还需通过股权投资培育和鼓励多元化的市场主体，形成多元化综合金融服务体系。特别是对于资金规模大、预期回报率可控、贷款周期长的金融机构，租赁住房是非常合适的投资标的。

此外，我国将保障性租赁住房纳入基础设施 REITs 试点，有利于促进形成投融资良性循环，更好地吸引社会资本参与，拓宽资金来源。从国际市场实践来看，租赁住房 REITs 产品在发达国家 REITs 产品中占比达两位数。而我国保障性租赁住房公募 REITs 刚刚起步，未来还有较大发展空间。保障性租赁住房公募 REITs 不止于金融创新，不仅会推动金融系统本身发展，还会引导实体经济运营模式进一步规范和匹配。

在微观层面，新市民、青年人是住房租赁市场的主力客群，并且具有独特的收入和消费特征。围绕新市民、青年人，金融机构可以从租房场景入手，延伸至休闲、娱乐、购物、教育等消费场景，以及创业投资等就业场景，充分挖掘其全方位需求，以提供全生态金融服务，帮助新市民降低生活和就业成本。金融机构通过为新市民提供金融便利，可切实提升其扎根城市、融入当地生活的归属感和获得感。此外，金融机构可以依托租赁住房场景，通过租住、消费等数据，多维度评估新市民群体的信用水平，打造以租赁住房人群信用水平为依托的定向普惠性金融产品。同时，租赁住房人群与金融行业的联结还体现在投资领域。当保障性租赁住房公募 REITs 产品推出后，租赁住房人群在享受品质型租住生活的同时，也可以通过证券交易所购买和投资保障性租赁住房公募 REITs 产品，从而享受到住房租赁行业带来的投资收益。

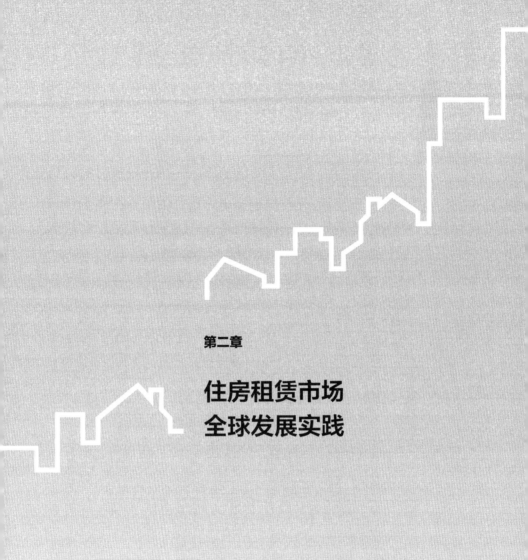

第二章

住房租赁市场
全球发展实践

国际住房租赁市场起源于 19 世纪末 20 世纪初。彼时，在一些发达经济体，伴随工业化和城镇化进程的加快，住房总需求进入上升期，市场化机构类租赁住房（区别于政府部门租赁住房）应运而生，成为满足住房需求的主要手段。

市场需求、政策引导与资本推动

　　从全球住房市场情况来看，各国租赁住房需求主要由人口增长（部分国家来自移民人口增加的压力）、城市化进程和家庭结构调整三个要素驱动。随着各国政府在住房方面的公共财政投入增多，以及资本市场的不断推动，市场化机构类住房租赁市场开始蓬勃发展。

　　从全球分布来看，住房租赁市场最早出现在 19 世纪末 20 世纪初的美国和欧洲等国家，第二次世界大战后在全球范围内快速发展。目前，市场化机构类住房租赁市场发展主要集中在北美、欧洲、亚洲、大洋洲这四大区域的 14 个国家。

规模、市场表现与特点

衡量一个国家住房租赁市场成熟与否，主要围绕三个指标：（1）是否具有较为完善的租赁住房法律体系和健全的配套执行体系；（2）行业在经济运行中是否发挥着中流砥柱的作用；（3）底层资产在资本市场中是否具有投资吸引力。美国拥有全球规模最大的市场化机构类住房租赁市场，规模约为 2 200 万套（间）；德国和英国拥有欧洲规模较大、发展相对成熟的市场；日本是亚洲规模最大且发展最为成熟的市场。

通过对中国之外的 13 个国家的住房租赁市场进行研究和分析，我们将国际住房租赁市场的发展分为三个阶段。

19 世纪末至第二次世界大战结束。在这一阶段，住房租赁市场基本以政府管控和监管为主，国家给予市场化住房租赁机构一定的补贴。至第二次世界大战结束时，在大部分欧洲国家中，市场化住房租赁机构容纳了 60%~75% 的租住人口；在美国，市场化住房租赁机构容纳了近 50% 的租住人口。[①]

第二次世界大战结束至 20 世纪 80 年代。二战结束后，虽然租赁住房需求仍有进一步增长，但业主自用住房需求开始大幅增加。同时，欧洲除德国之外的国家，历届政府对于市场化租赁住房的政策扶持缺乏连续性，国家补贴租赁住房的支持也有所减弱，市场化租赁住房的发展开始趋缓。细究市场化租赁住房占比下降的原因，并不是因为租金控制和其他法规（包括土地保有权保障）抑制了竞争性回报，而是因为富裕家庭更倾向于购房居住，市场化租赁住房只能租给低收入的承租人，从而抑制了租金水平。此外，通货膨胀增加了出租成本，

---

① 资料来源：CROOKT,KEMP P A.Private Rental Housing:Comparative Perspectives [R/OL]。（2014–12–23）[2022–10–12]. https://link.springer.com/article/10.1007/s10901–014–9434–1.

加上政府补贴不足，在此背景下，市场化住房租赁市场趋于收缩成为必然趋势。这导致部分国家如英国，住房保障率迅速下降。

20 世纪 80 年代至今。住房租赁市场的转折发生在 20 世纪 80 年代，表现为：一方面各国政府对于新建筑的政策支持逐步减少；另一方面，由于实际收入增长放缓、充分就业和持续经济增长受到挑战，购房自住需求的增长开始乏力。随着市场化租赁住房需求重新变强，市场化机构类租赁住房在整体住房租赁市场中的供给份额有所上扬。例如，在德国，低通胀环境与房东补贴、资本市场和税收政策相结合，将购房需求推迟到晚年，为市场化机构类租赁住房的发展奠定了基础。此外，住房租赁市场的发展还得益于以下几个因素：（1）劳动力市场更加灵活，使收入更加不确定；（2）低通货膨胀有利于租房而非购房；（3）财政紧缩进一步挤压政府部门租赁住房的公共支出；（4）人口结构变化，特别是养老金领取者增多，养老金义务资金不足，导致公共支出紧缩；（5）学生数量不断增长；（6）创新金融工具，如权益型 REITs 的推出。

除了市场需求稳步增加，对于发展住房租赁市场，特别是市场化租赁住房，各国形成了三个普遍共识：第一，政府对于发展住房租赁市场的政策需要有一致性和连贯性，尽量减少由于执政党变更产生的影响；第二，市场化租赁住房需考虑到如何实现低收入群体的租住保障；第三，持续释放激励措施，以维持现有投资者并吸引新投资者进入行业。

然而，在一些住房租赁新兴市场，大型投资者的缺席无疑减缓了行业的发展进程。以澳大利亚为例，住房租赁市场主要表现为三个方面的特征：一是投资运营主体主要由个体房东主导，他们通常拥有一套或两套租赁住房；二是专业化机构参与度较低，这源自对于预期风险的不确定性，以及投资回报预期偏低；三是市场缺乏关于租赁住房资产表现的完整可靠数据信息，以及受到有损住户利益（如被驱逐等）等负面消息的影响。类似情况在很多住房租赁成熟市场的发展初期也颇为常见。但在美、德两国则不明显，主要是因为这两个国家通过税收制度或监管担保向大型投资机构提供补贴，鼓励市场化机构大量进入行业。由此可见，政府对行业的政策扶持，是促进行业市场化发展的最有力工具。

市场需求与政策扶持的双轮驱动

纵观国际成熟住房租赁市场发展历程，在不同阶段，各国颁布的政策各有侧重。总体来看，我们将各国政策归纳为两个阶段。

一是行业起步阶段，各国发展目标和支持政策十分趋同，侧重于住房保障。在供给端，各国均把重点放在了如何大力发展以政府为主导的保障性公共租赁住房，金融财税政策的核心以财政投入和低息贷款为主。例如，美国以财政补贴和低息贷款的形式，鼓励地方和私人开发建设公共租赁住房；英国由政府直接投资建造公共住房；德国则提供大量的长期低息或无息贷款支持发展公共租赁住房。在需求端，各国主要通过税收刺激和租金补贴形式，支持市场租住需求。例如，美国降低个人所得税边际税率，发放房租补贴以缩小市场租金与租户收入之间的差距；英国实行财政直接租金补贴；德国在财政直接租金补贴的同时，限制住房租金的上涨。

二是行业稳定发展阶段，各国的政策侧重于鼓励租赁住房的市场化供给。这一阶段，各国在扩大住房保障覆盖范围的同时，均鼓励机构化发展，鼓励重资产开发和持有经营，通过市场渠道扩大和保证租赁住房供给质量与总量，强调行业的长期主义属性。例如，美国大力发展 REITs，允许权益型 REITs 流通上市，并辅以相应的税制改革配合金融创新，鼓励大型市场机构开发并持有租赁住房；英国通过税收调节，限制个人房东和小型"二房东"投资机构，通过建立专项基金和发行专项债券，鼓励开发商向"为租而建"模式转型，支持开发商持有并运营重资产；德国依靠财政手段、专项贷款和货币补贴，来降低租赁住房供给主体的开发建设成本。总的来看，在行业稳定发展期，依靠金融创新为行业提供长周期、低成本的资金，并辅以税收调节是鼓励住房租赁行业市场化重资产模式发展的关键。

同时，在国际成熟市场的典型地区，都曾遇到过住房租赁市场结构性失衡的问题，其应对举措值得我们借鉴和参考。

以美国纽约为例。纽约曾是一个租赁住房市场结构极度失衡的城市，一方面有效供给严重不足；另一方面，供给与需求结构不匹配——保障中低收入者租住的房屋供给严重短缺。在这样的背景下，2015年，纽约市政府发布了新版的《纽约2050总规》（OneNYC 2050），提出"确保全体纽约市民都拥有安全的可负担租赁住房"。在《纽约2050总规》发布后的几年间，纽约市政府通过一系列举措来实现总规的目标，具体包括：

第一，政府加强与非营利组织之间的协作。2015年，纽约推出了一项2.75亿美元的邻里支持项目，以促进政府与社区非营利组织的合作，确保每个社区内都有租金稳定的可负担租赁住房。该项目预计在8年内通过收购的方式将7 500套（间）房屋作为长期可负担租赁住房使用。

第二，探索租赁住房创新筹集方法，以提高全市可负担租赁住房的供应量。具体包括三个计划。推行MODULAR NYC建造计划，通过模块化装配式建筑方式，有效减少建设时间和成本。推行SHARE NYC计划，大力推广开发共享租赁住房（每套共享租赁住房中均拥有两个及以上的卧室且均配备独立卫生间，共享厨房和淋浴间），满足多样化的中低收入者居住需求。推行地下室转换公寓的合规计划，对地下室、车库等进行评估及安全性检查，寻求将其纳入正规公寓管理的途径，并对其改造给予技术性支持。例如，将布鲁克林区的某些地下室和地下酒窖改造为安全、合法的可负担租赁住房，并将这些公寓打造为试点示范项目。

第三，扩张土地使用功能，挖掘城市土地潜能。开发未充分利用的中心区域土地以满足租住需求，主要是小地块的填充开发。目前推出两个项目计划："社区建设项目"及"产权住宅填充机遇项目"。这两个项目降低了开发商的建设门槛，吸引了一批小型开发商参与其中。推进"棕地"等低效能地块的清理及再开发进程。棕地是指被遗弃、闲置或不再使用的前工业或商业用地，这些区域的清理和再开发通常需要额外的清理、拆除费用。新计划联合城市环保部门提出一系列促进棕地清理、审批、降低清理费用的举措，并设立棕地基金。提高已开发用地的再开发强度：一些城市服务设施，如大型停车场，一直处于低效使用状态，通过对这类土地的再开发，寻求保障性租赁住房的建设可行性。促进土地功能转换：对闲置、废弃的建筑进行创新性恢复，将其作为保障性租赁住房建设或进行混合开发。开发滞后地区：一些衰败地区的城市更新规划已完成，政府通过利用公共投资，进行公共交通、社区服务、公共活动等设施完善，吸引开发商投资建设。

第四，实施国家范围内最积极的强制性包容住房政策。包括减免可负担租赁住房租户的税金，保护搬迁租户，到 2022 年为所有纽约租户提供法律援助等。

全球住房租赁市场展望

随着消费需求的不断升级，住房租赁市场呈现出多种新趋势。在满足传统租住需求的基础上，租赁住房产品多元化、个性化和细分化趋势增强。同时，广泛延展至众多行业的 ESG（环境、社会和公司治理）理念，对于推动租赁住房企业可持续发展具有重要意义。此外，在金融的赋能下，租赁住房REITs成为热门投资标的，使租赁住房成为兼具居住属性和投资属性的业态。

品质型公寓、老年公寓、学生公寓成为趋势

随着租房家庭收入结构改变，高收入租房家庭数量激增。以美国为例，2012—2019年，年收入在75 000美元以上的家庭数量增长了7.3%，收入低于30 000美元的家庭数量合计减少了8.9%，如图2-1所示。

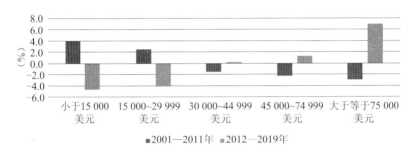

图2-1　美国不同年收入水平租房家庭的数量变化幅度（2011—2019）
资料来源：哈佛大学住房联合研究中心《2022年美国住房租赁市场报告》（America's Rental Housing 2022）。

此外，如图2-2所示，2009—2019年，美国实际月租金超过1 000美元的租赁住房数量增长744.4万套（间），成为规模增加最多的产品，而实际月租金低于1 000美元的租赁住房数量减少285.3万套（间）。整体住房租赁市场对于居住品质的要求正在逐步提升，高收入家庭的租房需求对于高品质产品的拉动作用明显。

人口老龄化是全球一大趋势。在现有租赁住房开发过程中适当增加适老化设施，无疑是打造全龄化社区的必由之路，这对租赁住房企业提出了系统性风险警示和挑战。

根据德国联邦统计局的调研，预计到2025年，德国65岁及以上人口占比将超过30%，如图2-3所示。人口老龄化问题将是德国乃

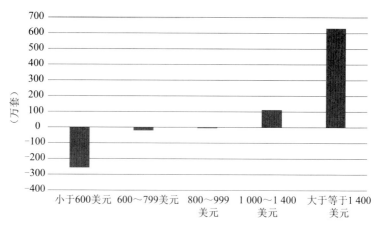

图 2-2　美国不同月租金对应的租赁住房数量变化（2009—2019）

资料来源：哈佛大学住房联合研究中心《2022 年美国住房租赁市场报告》。

至全欧洲最突出的社会矛盾之一。德国最大的住房租赁公司沃诺维亚（Vonovia）自 2017 年起未雨绸缪，对老年公寓进行研发，并在部分现有公寓增加了无障碍化设施。

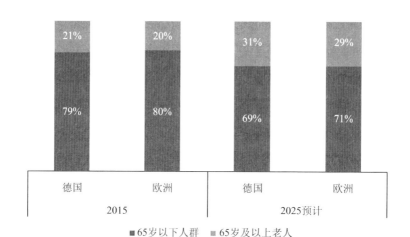

图 2-3　德国及欧洲老龄人口占比

资料来源：德国联邦统计局。

美国人口统计局对租房人群的调研显示，2019 年，美国 60~74 岁年龄段的租客在所有租房人口中数量增加最多，说明住房租赁市场对老年人有着较强吸引力，如图 2-4 所示。

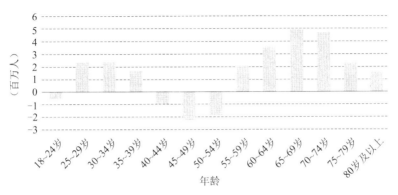

图 2-4 美国不同年龄段租客的数量变化（2019）
资料来源：哈佛大学住房联合研究中心，《2019 年人口规模和美国社区调查展望》（2019 Population Estimates and 2019 American Community Survey 1-Year Estimates）。

在欧美日等发达国家和地区，住房租赁市场经过了初期快速发展阶段，现已进入成熟发展轨道，各细分领域相对成熟，学生公寓便是其中一个炙手可热的类别。虽然各国高校均设有公立学生公寓，但大多无法满足市场需求，如教育质量名列前茅的英国，高达 70% 的学生需要自行解决住宿问题。庞大的市场需求促进私立学生公寓的快速发展。第一太平戴维斯的统计数据显示，美国和英国是全球学生公寓投资最为集中的两个国家，2015 年后年均投资额合计超过百亿美元，如图 2-5 所示。导致这一现象的主要原因是：一方面两国优质高等教育资源集中，另一方面两国公立学生公寓供给严重不足。

随着私立学生公寓日益成熟，稳定的高收益率吸引了包括睿星资本（Greystar）、新加坡政府投资公司（GIC）、加拿大养老基金（CPPIB）等在内的诸多地产商、REITs、主权基金、养老基金进入这一领域。

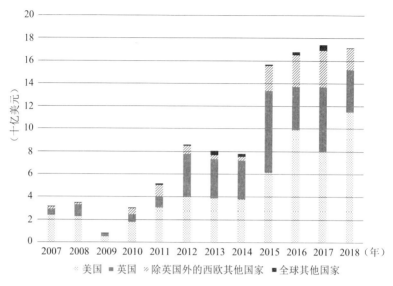

图 2-5　全球学生公寓投资情况（2007—2018）

资料来源：第一太平戴维斯。

值得注意的是，2014 年英国《移民法案》（Immigration Act 2014）颁布后，各高校稳步扩招，这直接使英国学生公寓 REITs 维持多年高收益增长。

　　总结上述国家学生公寓的发展经验，有以下三点共性值得思考。（1）专业化第三方机构是学生公寓的发展趋势。第三方机构不仅可以使高校从烦琐的日常事务中抽身而专心于学术与教育，更可有效提升学生公寓的管理水平与效率，在维持与提升资产价值的同时有效增加院校的竞争力。（2）全方位服务是行业可参考的发展方向。以欧洲成熟学生公寓运营机构 CROUS 为借鉴，学生公寓运营集团不仅以住房作为唯一产品与服务，更以高品质的硬件设施（包括健身房、学习区等）和高溢价的增值服务满足学生全方位的实际需求。（3）学生公寓是良好的投资产品。从全球学生公寓投资额度来看，美国和欧洲遥遥领先，其他区域几近于无。市场化学生公寓是教育与住宿的结合，优质教育资源聚集区域是学生公寓发展的基础和支撑。

ESG 对住房租赁企业可持续发展具有重要作用

ESG 投资理念最早由联合国负责任投资原则组织在 2006 年提出，用以评价上市企业在促进经济可持续发展和履行社会责任等方面的贡献。具体而言，ESG 的三个价值支柱即环境（E）、社会（S）和公司治理（G），E 指提升生产经营中的环境绩效，降低单位产出带来的内外环境成本；S 指坚持更高的商业伦理、社会伦理和法律标准，重视与外部社会之间的内在联系，维护人的权利、相关方利益以及行业生态的帕累托改进；G 指完善现代企业制度，围绕受托责任合理分配股东、董事会、管理层权力，形成从发展战略到具体行动的科学管理制度体系。

如今，ESG 投资作为一种"如何发展"的价值观，已经广泛延展到众多行业，对于推动租赁住房企业可持续发展具有重要意义。从现金流传导方式来看，高 ESG 评分的租赁住房公司在资源利用、人才发展以及创新管理等方面更具优势，高竞争力可以带来超额利润，从而带来更高的盈利能力。从系统性风险传导方式来看，高 ESG 评分公司通常风险控制能力更强，发生违规、诉讼等负面事件的可能性更低，从而降低公司的下行风险。从估值传导方式来看，高 ESG 评分公司通常业绩受宏观经济影响相比于同行更小，更强的应对系统性风险的能力可以为公司带来更低的融资成本，进而享受到更高的估值溢价。

根据北美不动产信托基金协会（NAREITs）统计，美国共有 21 只租赁住房 REITs 产品，头部 REITs 企业均有 ESG 方面的实践。例如，公平住屋（Equity Residential，简写为 EQR）被全球房产可持续性标准（GRESB）评为租赁住房 REITs 的领导者，其整体 ESG 计划致力于创建社区，从租户到员工都能获得健康发展。EQR 自 2017 年开始发布年度《ESG 发展报告》，报告不仅涉及企业通过资源节约、减少废物和提高能源效率来处理租赁住房与环境的关系，而且涉及住房租赁企业对社区的影响，包括与租户、员工和股东的关系。从2018年开始，根据能源和水的使用、废物管理、可持续性实践、健康及其他与可持续性实践相关的标准，EQR对所有物业进行评估，其中104座物业获得了绿色公寓/社区的认证，占比达到总物业持有量的34.1%。另一家企业艾芙隆海湾社区（AvalonBay Communities），26年来一直致力于创造独特的租住生活体验，并为当地社区做出贡献。艾芙隆海湾社区将ESG与其核心价值观结合，并将社会责任视为培养员工、吸引租户的主要驱动力。从2015年开始，艾芙隆海湾社区通过启动"强大社区计划"深化社会承诺。该计划侧重于建立伙伴关系，以支持社区防灾、备灾、救灾。

通过与美国红十字会的合作，艾芙隆海湾社区证明了"建立强大社区"计划如何连接公司的三个核心利益相关者——租赁住房运营商、租户和股东/投资人，为所有人创造可持续的正向影响。

租赁住房兼具居住属性和投资属性

REITs这一金融工具出现后，租赁住房REITs成为热门投资标的，租赁住房成为兼具居住属性和投资属性的业态。

从全球范围来看，租赁住房REITs主要分布在美国、日本和欧洲（以英国为主）。从市值来看，美国和日本租赁住房REITs的整体市场份额均达到或超过10%，英国比例为5%，如表2-1所示。

表2-1　全球租赁住房REITs概况

国家	租赁住房REITs市场份额占比	租赁住房REITs数量
美国	12%	21只
日本	10%	5只
英国	5%	8只

资料来源：彭博社，ICCRA整理分析。

从股价增速来看，2018—2021 年美国和日本租赁住房 REITs 股价的年复合增长率超过 10%，英国租赁住房 REITs 股价的年复合增长率达到 8%，如图 2-6 所示。

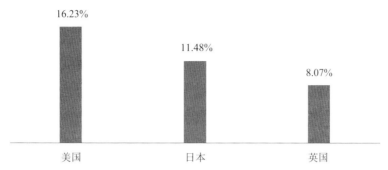

图 2-6 全球主要国家租赁住房 REITs 股价年复合增长率（2018—2021）
资料来源：彭博社，ICCRA 整理分析。

以美国为例，租赁住房 REITs 中股价增速最快的一只为 MAA（Mid-America Apartment Communities），3 年复合增长率达到 26.26%。达成这一结果首先得益于 MAA 为全美租赁住房 REITs 中规模最大的一只，2020 年年底房间数量达到 100 489 间。其次，得益于旧有物业翻新改造实现的利润上涨。自 2015 年起连续 5 年时间里，MAA 每年翻新的公寓套数都达到 8 000 间以上，翻新后的公寓平均租金上涨幅度达到 8.8%。此外，MAA 的 1 年期回报率达到 44.9%，也位居前列。

美国住房租赁市场：全球规模最大

得益于工业化和城市化进程，在 20 世纪 30 年代，美国住房租赁市场开始起步。发展初期，市场以消化存量房产的"二房东"模式为主。到了 1991 年，随着权益型 REITs 上市流通，美国住房租赁行业正式进入了机构化、规模化、金融化的成熟阶段，并逐步发展成全球规模最大的住房租赁市场。

全球成熟住房租赁市场典型代表

美国拥有发达的住房租赁市场。自 1980 年以来，美国租赁住房需求主要呈现"先平稳、再下降、后上升"的趋势，租房人口占比在 30% 至 40% 之间波动，如图 2-7 所示。具体而言，2000 年，美国住房和城市发展部启动住房自有率提升计划，目标是在 6 年内通过扩大按揭发放范围、增加"两房"①向低收入家庭贷款比例，将租赁住房人口占比由 32.9% 降至 30%。计划实施后，美国租赁住房人口占比显著下降，在 2005 年达到谷值，仅为 31%。在此之后，受次贷危机影响，租赁住房人口占比持续走高，2016 年增至 36.4%，2017 年后略有下降。从 2008 年起，美国租房人口占比不断走高，租赁住房空置率指标持续走低，这从侧面印证了次贷危机后美国居民更倾向于租房，助推了美国住房租赁市场发展。

图 2-7 美国租赁住房人口占比（1980—2020）
资料来源：美国房地产经纪人协会。

---

① "两房"即房利美和房地美，是美国最大的两家非银行住房抵押贷款公司，属于由私人投资者控股但受到美国政府支持的特殊金融机构。

此外，租房家庭占全美家庭总数的比例长期维持在 35% 左右。2020 年，美国租赁住房家庭比重为 34.5%，租房家庭数量为 4 274.6 万户。

美国租赁住房主要集中在美国东部地区，其次为西海岸和南部地区。哈佛大学住房联合研究中心发布的《2022 年美国住房租赁市场报告》显示，68% 的租赁住房集中在图 2-8 中所列举的 15 个州。这 15 个州不仅是人口数量排在前列的州，而且普遍特点是税收与投资环境优越，人口增长快，有较多的工作机会，生活方式多样化和充满活力。同时，这些州大部分地区房价高、购房率低，但租户平均学历高，户均收入增长快，租赁住房空置率低，房屋长期供应紧张，租金长期增长强劲。

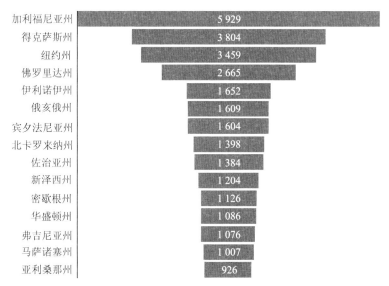

图 2-8　2018 年美国租赁住房分布情况 [单位：千套（间）]
资料来源：哈佛大学住房联合研究中心，《2019 年人口规模和美国社区调查展望》。

在这 15 个州中，有 3 个州的供给套数超过了 300 万套（间），分别为美国西海岸的加利福尼亚州（占比 13.5%）、南部的得克萨斯州（占比 8.6%）、东北部的纽约州（占比 7.9%）。这 3 个州也是全美前五十大住房租赁开发商 ① 集中开发的热点区域：第一位是得克萨斯州，有 18 个公司进入；第二位是佛罗里达州，有 15 个公司进入；第三位是加利福尼亚州，有 14 个公司进入。

此外，美国租赁住房的供应集中于大都市地区，核心都市的租住人口占比、租赁集中度均处于较高水平。例如，纽约、洛杉矶、波士顿、旧金山、芝加哥等核心都市租住人口占比均高于 60%，高于全美三成左右的平均水平。据美国长租公寓委员会统计，截至 2021 年 5 月，纽约市租赁住房供应占比约为 13.2%，洛杉矶占比 4.65%、波士顿占比 2.6%、旧金山占比 3.06%、芝加哥占比 4.65%。

美国机构化运营管理程度较高。按照美国公寓协会（NAA）2020 年统计数据，以租赁住房的房间数量为统计口径，大型机构是租赁住房主要的投资及运营管理方，占比 51.8%；个人投资者的持有量占比 48.2%。

从 20 世纪 90 年代开始，机构类投资运营商进入快速发展期，主要得益于两方面因素的推动：一是在 80 年代后期，随着市场增量的不断累积，整个房地产市场供过于求的情况越发严重，一批房企资不抵债面临破产，资产价格开始触底，吸引了一大批机构入市抄底；二是权益型 REITs 上市流通，为很多致力于住房租赁的企业登陆资本市场进行股权融资奠定了基础。

美国机构类投资运营商发展主要经历了三个重要阶段，如表 2-2 所示。

美国居民对租房的需求成因较为多元和复杂。2008 年次贷危机后，美国居民认识到租房作为消费行为，较购房而言风险更低。而

---

① 资料来源：根据美国长租公寓委员会（NMHC）2022 年统计。

表 2-2　美国机构类投资运营商发展阶段、特点与路径

阶段	时间	特点	发展路径
快速扩张阶段	1991—2000 年	资产价格低、收益率高	企业利用上市或在资本市场融资获得资金优势，在全国范围内大规模收购资产，实现快速扩张
平稳发展阶段	2001—2006 年	资产价格攀升、租金收益稳定、收益率下降	在美联储连续降息、刺激经济复苏的背景下，资产价格快速上升，资产租售比呈现快速上涨趋势，导致很多企业要么出售资产与购入资产并举，要么由大规模收购资产转向自建物业，企业扩张步伐趋缓
精准聚焦阶段	2006 年至今	调整资产组合，聚焦高收益率地区	前期全市场高投资回报的趋势逐步消失，但核心城市呈现出经济增长快、就业率攀升、人口密集且消费水平较高的特点，对中高端租赁住房的需求旺盛。这类租赁住房无论是出租率还是租金水平均具备一定优势。在这一背景下，不少企业展开了聚焦核心市场的战略

且美国社会家庭有小型化趋势，单身者和单亲家庭比例增加，再加上人口老龄化，居民对住房的需求不断发生变化。对于老年人来说，自有房屋未必能够满足生活需要，租赁住房比拥有房子更加便捷、省心。千禧一代就业、结婚和生子年龄的推迟，导致首次置业年龄也随之不断推迟，租房能够满足这部分人群在城市间流动的需要。此外，还有一个明显的特点，即有孩子的租房家庭数量也有所增加。图 2-9 显示的是 2019 年全美各类租房家庭占比情况，单身者仍是租房的主力，占比达到 37%。由于租房年限的增加和延迟购房，尽管美国已婚有小孩家庭的数量较上年同期减少 200 万，但其中租房家庭却增加了 68 万，使得这一类租房家庭占比达到 15%。

在过去 10 年里，美国各城市租赁住房单套面积都在缓慢减小。根据美国住房租赁数据提供商及搜索网站 RENTCafe.com 对公寓市场的调查，2016 年新竣工的公寓平均面积已经下降到 86.8 平方米，为 10 年以来最小纪录，如表 2-3 所示。虽然所有公寓的户型面积几乎

都出现了明显下降，但开间面积降幅最大。2006 年开间平均面积为 58.0 平方米，2016 年为 46.8 平方米，降幅近 18%。两居室公寓在所有类型的租赁住房户型中波动最小。

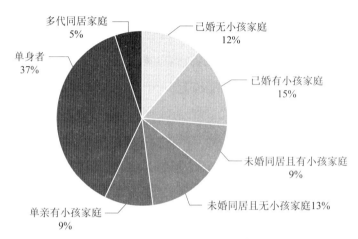

图 2-9　美国租户家庭结构情况（2019）

资料来源：哈佛大学住房联合研究中心，《2022 年美国住房租赁市场报告》。

表 2-3　2006—2016 年美国租赁住房户型平均面积（平方米）

年份	全部公寓户型	开间	一居室	两居室
2006	94.3	58.0	73.8	103.3
2007	93.6	55.4	73.9	104.4
2008	92.8	53.7	72.9	104.1
2009	92.7	55.0	73.8	104.9
2010	92.4	57.3	73.4	106.1
2011	92.1	47.2	71.1	102.7
2012	89.5	45.6	69.9	101.1
2013	89.3	48.1	70.4	102.6
2014	87.6	50.0	69.8	103.2
2015	87.7	47.6	69.8	104.2
2016	86.8	46.8	69.9	104.6
2016 相比 2006 变化幅度	−8%	−18%	−5%	1%

资料来源：ICCRA，RENTCafe.com。

2010 年是美国房地产市场的转折点。一是随着房地产行业开始复苏，开发商暂停了中高层租赁公寓的投资，导致新建租赁住房供给大幅下降。二是租赁住房的单位面积有所下降。

随着租赁住房套均面积越来越小，越来越多的租房者倾向于租住在城市核心位置、综合体内，或配套设施丰富的租赁住房里。这种以生活方式为导向的公寓新浪潮，特别针对忙碌的千禧一代和婴儿潮一代，重新定义了他们的生活、娱乐和工作方式。对一个从事金融、科技或其他现代行业的年轻专业人士来说，位置无疑胜过空间。事实上，可以在工作地点附近居住、购物和社交，意味着可以做更多有意义的事情，而不是将宝贵时间浪费在上下班路上。

这类租赁住房通常和商业设施相连，为旧楼改造项目，自身配套完备。例如，屋顶花园、城市迷你农场、瑜伽馆、无边际游泳池和健身中心在大多数较新的租赁式社区中已经成为一种标配。2015 年入市的 Eastown，位于洛杉矶好莱坞核心位置，是洛杉矶最大的住房租赁社区，包括 535 套出租公寓。社区里配备顶级设施，包括游泳池和带休息区的温泉、带壁炉和露台的公共区域、健身房、烧烤区和电动汽车充电站。这个社区的租金，以 53 平方米的公寓为例，起价为 1 925 美元 / 月。

发展历程与政策变化

美国住房租赁市场自 1932 年尼克伯克村开发了第一个租赁住房项目起，至今已有 80 多年的发展历史。由于各阶段社会发展背景不同，政策法规特别是金融和财税政策的导向性和倾斜性也不相同。

纵观整个发展历程，美国住房租赁市场基本经历了四大发展阶段。

第一阶段（20世纪30—40年代）：市场起步期

自美国建国至20世纪初，美国的住房政策导向是"私人开发、市场调节"，关注重点在于确立住房建造的基本标准，对住房市场的直接干预较少。20世纪初期以后，美国经历快速城市化和移民潮，城市人口规模迅猛增长，住房需求急剧上升，住房短缺、品质不高等问题日益凸显。与此同时，美国住房市场投机行为横行，中低收入群体的住房品质无法得到保证。但受自由放任政策和地方自治传统的影响，联邦政府并未干预。第一次世界大战以后，在住房改革者的推动下，联邦政府决定通过公共住房改善居民居住水平。1918年，参议院制订了首个公共租赁住房修建计划。总体上，该阶段公共租赁住房修建规模较小，属于战时应急，主要目的是为战时工人提供临时住所，初级阶段的住房市场是主旋律。

20世纪30年代，在大萧条的沉重打击下，美国住房建设量锐减了40%，解决贫民窟的住房问题更无从谈起。这一时期，美国政府开始扩大在一战时期的做法，将兴建公共租赁住房作为解决住房危机和增加就业的必要方法，着手制订了一个大规模的公共租赁住房建设计划，即由政府负责管理的低租金住房，以满足绝大多数美国居民的需要。由此，美国的住房租赁行业开始兴起。

1934年，美国颁布了首个《国家住房法》(National Housing Act)，该法案旨在解决居民的住房可支付性和获得住房贷款，明确要求"建立住房管理机构，设立联邦存款和贷款公司，由政府提供低息贷款，鼓励私人投资于低收入家庭公寓住宅"。随后，美国创建了联邦住房管理局（FHA）与联邦储蓄和贷款保险公司，帮助美国居民维持适宜的住房标准和管理住房融资系统。1934—1937年，美国公共工程局建了2 200套公寓住房。

1937年，美国政府的公租房计划被纳入新出台的《国家住房法》，确立了公租房运作方式。该法明确规定："联邦政府通过设立联邦平民建设总局（USHA），负责向地方政府提供建设公共住房的补助，为低收入家庭和残障人士开发建造、运营和维修公共住宅。地方政府则具体负责符合标准的公共住房建设事宜。"根据此法，美国联邦平民建设总局取代公共工程局，负责低收入住户的住房建设。该局将联邦政府的资金以贷款的形式拨付给地方政府，使他们能够开展清理贫民窟和建造低租金住房的工作。

1949 年《住房法》（Housing Act of 1949）延续了 1937 年《国家住房法》的大部分内容，并在其后 30 年间对推动公租房计划在美国全国范围内实施发挥了主导作用。在经济复苏时期，联邦政府通过资金支持政策，充分保证了地方公共住房充足供给，有效拉动了美国就业，对于保证低收入人群的工作和生活起到了至关重要的作用。

第二阶段（第二次世界大战结束—1960 年）：市场发展期

第二次世界大战结束后，大批复员军人回到城市亟待安置，同时城市贫民窟问题日益严重。在这一背景下，1947 年，美国出台了《国家住房和租金法》（Federal Housing and Rent Act of 1947），法案中明确了"退伍军人被允许以低于国家平均价格 15% 的租金租赁住房，并享受国家给予的住房补贴"。1949 年，美国公共租赁住房建设计划再次启动，并成为这一阶段美国住房政策的核心。1949 年《住房法》首次强调联邦政府在住房领域负有不可推卸的责任，明确了国家住房政策宣言——"国家的繁荣与稳定、人民的健康和生活水平的不断提高都需要住房建设及相关的社区开发来解决严重的住房紧缺问题，需要通过清理贫民窟和衰败地区以及其他切实的方法，为每一个美国家庭提供体面而舒适的居住环境"，并明确了设立退伍军人管理局、联邦住宅管理局和联邦全国抵押协会作为公共租赁住房建设的机构，同时以财政拨款和贷款形式鼓励地方政府兴建公共租赁住房以缓解贫民窟问题，授予地方市政府征用土地的权力，这为后来的住房政策制定者和实施者设定了明确的方向。

这一阶段的住房法是二战前政策的延续，公共租赁住房建设得以扩张：一是联邦政府资助私人开发租赁住房，致力于解决收入高于申请公共租赁住房标准、但又难以在私人市场获得住房的家庭；二是制订了大规模兴建公共租赁住房计划，加大了联邦政府对住房援助的力度。这些对缓解大都市内城的衰败起到了积极作用。

第三阶段（20 世纪 60—90 年代）：政策创新期

经过 30 年的开发，到了 20 世纪 60 年代，美国的住房短缺问题已经得到了有效缓解，特别是 1962 年美国设立 REITs 后，鼓励了一大批开发商为低收入阶层建造住房。

然而，行业仍存在诸多问题。一是 REITs 虽于 1962 年成立，但直到 20 世纪 90 年代才真正在股票交易市场流通，成为优质资产。二是在过往发展中，公共住房大部分是由个人管理的，甚至有一部分管理者是非法的。三是低收入人群的房租占其收入比例过高的问题日益凸显。

因此，这一时期美国公共住房政策的重点是出台相应规范和制定低收入人群的房租补贴政策。1965 年，美国住房和城市发展部（HUD）成立。1968 年《公平住房法》（Fair Housing Act of 1968）颁布。1974 年《住房和社区发展法》（Housing and Community Development of 1974）颁布，该法案增加了两项新计划：一项是社区发展的一揽子拨款计划；另一项是增加了著名的"第八条住房补贴方案"（Section 8），明确了"房租补贴由美国住房和城市发展部通过地方住房机构发放，用于补贴市场租金和租户收入 30% 之间的差额"。

同时，租房补贴的形式随时间推移而变化。自 20 世纪 70 年代中期起，联邦住房预算逐渐从资助修建新住房或修整现有住房，转向直接向受助家庭发放房屋租赁补贴，补贴也从以套为单位改为以户为单位计算。到了八九十年代,《住房和社区发展法》第八条规定的租房单证(资助租户的最初形式)逐渐为租房优惠券所取代。

这一阶段的政策更为创新,由鼓励和刺激租赁住房供给方,转向了直接补贴市场需求者,一方面对于稳定市场需求、缓解大都市贫富差异,特别是避免贫民窟的出现起到了巨大作用;另一方面,进一步培养和巩固了中低收入者租房的生活方式和习惯,从市场需求端促进了住房租赁行业的持续发展。

第四阶段(20世纪90年代至今):金融创新推动的产业结构转型期

20世纪90年代以后,美国住房租赁行业进入了金融创新推动的结构转型期。这一阶段,政策主要立足于需求侧和供给侧的有效结合,行业发展呈现出需求强劲且多元化、业态类型多样化、分布集中化、开发运营机构化的显著特点。

在需求方面,1998年,美国国会决定,将租房优惠券与租房单证统一合并为住房选择租赁券,允许相关家庭租赁那些高于合理市场租金(由政府确定)的住房,但这些家庭需支付合理市场租金与实际租金之间的差额,并永久性确定实施公租房住户收入多样化政策。这一规定,不但扩大了公租房覆盖范围,也扩大了相关家庭的租房选择领域,有利于其在新的街区寻找理想住房。

目前,经过几十年的发展,租房逐渐成为美国人普遍接受的生活方式。同时,由于大量移民的涌入,传统的公共住房在产品设计、建造品质、运营管理水平等方面已经不能满足市场需求,住房租赁行业正式从面向保障中低收入者、提供公租房,过渡到面向更多受众提供多元化的产品阶段。

从供给层面来看,美国住房租赁行业快速发展主要得益于两方面因素的推动。

首先是机构投资人的出现。20世纪80年代后期,随着市场增量的不断累积，供过于求的情况越发严重，一批私营开发商资不抵债，面临破产，资产价格开始触底。为此，政府成立了专门的企业来运营违约房屋，重新发展盘活这些房地产。这一时期对美国租赁市场乃至整个房地产市场来说至关重要，是市场日渐发达的重要转折点。同期，住房租赁行业开始变成由机构投资人主导的领域。

进入21世纪，"9·11事件"、次贷风波引发的经济危机及房地产泡沫化对住房租赁行业产生了消极影响——行业发展由繁荣转向低迷，特别是受次贷危机影响，大量产权式公寓被迫转变为租赁式公寓，市场供过于求的情况越发严重。在此背景下，2008年《住房和经济恢复法案》（The Housing and Economic Recovery Act of 2008）出台，在提供住房抵押贷款直接救助措施的同时，还向投资人提供应急基金，用于购买空置、丧失抵押品赎回权的房产，出租给低收入家庭。这一措施从一定程度上缓和了住房租赁行业的窘困局面。

其次是权益型REITs上市流通。REITs为很多致力于住房租赁行业的企业登陆资本市场进行股权融资提供了土壤，极大推动了行业发展，也加速了机构化规模的扩张。截至2022年6月，美国共有21家住房租赁企业发行了REITs。这些企业大规模的扩张都集中在权益型REITs推出时期。

金融财税政策赋能市场可持续发展

美国住房租赁相关金融财税政策主要集中在三个层面：一是发放租房券，对低收入家庭租房实行货币化补贴；二是金融创新，主要体现在资产证券化工具的推出上；三是税收的配套改革。

租房券

租房券是由联邦政府提供给承租市场化租赁住房的中低收入家庭

的、用于弥补市场租金与其收入的 30% 之间的差额，进而降低其住房负担的专用支付凭证。这样不仅解决了低收入居民的住房问题，还不会损害房东的利益。由于租房券不属于生产性项目，不涉及任何住房项目，不仅有利于减轻联邦的债务负担与额外支出，也可以避免政府对住房市场的直接干预；加之租房券的发放与管理都非常容易，这使得它的发展速度相当迅猛，已成为当前联邦政府最重要的住房保障措施。

租房券由住房和城市发展部主管，包括相关政策的制定与监管、租房券发放与运作规则的制定等事务。在地方层面，由地方公共住房管理局行使相应职责，具体负责本地区租房券的申请受理、租房券使用规则的具体执行与监管等。2017 年，美国租房券共授权 248.9 万份，实际使用 221.5 万份，使用率达到 89%。使用租房券的家庭占全国总家庭的比重为 1.9%，平均每户补贴接近 8 000 美元。[①]

租房券要求申请人家庭处于中低收入水平。极低收入者每年获得的租房券必须占当年总额的 75% 以上。据统计，2009 年租房券持有者的平均年收入不到 1.26 万美元，远低于联邦政府所设定的贫困线（1.46 万美元），其中超过 45% 的家庭年收入不到 1 万美元。

租房券的使用范围涵盖全美，无地域限制。租房券持有者基于市场规则选择住房，但所选择的房屋必须满足如下条件：首先，租金不能超过租房券计划所规定的最高限额，住房的建筑质量必须符合计划设定的最低标准，而且房屋业主必须属于自愿参与。租房券持有者与业主基于自愿原则达成租赁合约后，向政府提交文本档案。在此过程中，政府将对可能存在的住房歧视等行为进行监控与处理。租房券所支付的费用是住户收入的 30% 与支付标准之间的差额。1983 年后，租房券项目赋予住户更大的选择自由，若房租低于支付标准，住户则

---

① 资料来源：秦虹，等.住有所居.北京：中国建筑工业出版社，2019.

可将多出房租的资助保留下来作为收益。

住房租赁资产证券化实践

美国住房租赁资产证券化实践起源于 20 世纪 60 年代,主要经过了两个发展阶段。

阶段一:从抵押型 REITs 到权益型 REITs。

20 世纪 60 年代,美国租赁住房抵押型 REITs 开始出现。之后的十几年间,发展并不顺利,主要原因在于低迷的运营业绩并不能满足私人资本的回报要求。

1976 年,美国颁布了《REITs 简化修正案》(Real Estate Investment Trusts Simplified Amendment Act),在一定程度上缓解了货币政策紧缩对于住房租赁行业的压力。该修正案最重要的意义在于允许 REITs 在原有商业信托的基础上以公司的形式成立,这样一来,REITs 既具有信托特征,又有上市公司的流动性优势,还有合伙制的税收优势。该法案有力地推动了权益型 REITs 的发展。

1986 年,美国出台《税收改革法案》(The Tax Reform Act of 1986),允许 REITs 直接经营不动产而不必交由第三方管理,放松了原法案中对 REITs 业务的监管限制,允许 REITs 自行管理,不需要聘期外部第三方进行资产管理。这促使 REITs 开始强调投资策略和管理理念,同时也促进了权益型 REITs 取代抵押型 REITs。REITs 对不动产的运营涉及方方面面,其中包括:物业的收购和出售、管理和出租、装修再定位、新物业开发。至此,REITs 从住房租赁企业的融资载体一跃成为住房租赁行业的运营管理主体,发展进入主动管理快车道。

阶段二:权益型 REITs 的上市流通。

1991 年,权益型 REITs 上市流通,同时配合 1990 年《预算执行法案》(Budget Enforcement Act of 1990)和 1993 年《综合预算调节法案》(Omnibus Budget Reconciliation Act of 1993)等一系列的政策监

管（取消了对机构投资的诸多限制）及税收改革（取消了"双重征税"），权益型 REITs 成为住房租赁行业最主要的融资工具。

1992 年，UPREIT 结构的出现对于美国住房租赁 REITs 的发展起到了至关重要的作用，REITs 和原物业持有者通过成立经营性有限合伙企业实现资产增值税的递延，从根本上增加了原物业持有者出售持有型物业的积极性。同时，1993 年通过的《综合预算调节法案》使机构投资者如养老金在投资 REITs 股票时对股东数的计算可以穿透到养老金的成员，而不是算成单一股东，大幅降低了对机构投资者持股集中度的限制。

表 2-4 所示为美国租赁住房 REITs 推行相关政策与事件的时间。

表 2-4　美国租赁住房 REITs 推行相关政策与事件时间

时间	政策与事件
1962 年	艾森豪威尔总统签署《房地产投资信托法案》，允许设立 REITs
1976 年	《REITs 简化修正案》，允许 REITs 成为公司，推动了权益型 REITs 发展
1986 年	通过《税收改革法案》，取消房地产资产加速折旧的规定，并放宽了 REITs 对房地产进行规范的制约
1991 年	允许权益型 REITs 上市流通
1993 年	克林顿总统签署《综合预算调节法案》，让养老金更容易投资于 REITs

资料来源：美国长租公寓委员会。

1990—1997 年，REITs 为美国住房租赁行业提供了 110 亿美元的资金。截至 2020 年 12 月 31 日，美国权益型 REITs 市值达到 1.17 万亿美元，其中公寓 REITs 1 680 亿美元，占比 14%，平均分红收益率 3.15%，公寓 REITs 5 年平均回报率为 11%。

政府低息贷款和减税支持私人企业建设租赁住房

联邦政府资助的私有租赁住房始于 1961 年肯尼迪政府设立的地

域市场利率项目，1968年推广实施，后被低收入住房税收补贴政策所替代。这类公共住房建设的近20年经验表明，联邦政府资助的方式可以较快提高公共住房供应量，但政府监督成本过大，住户所得到的支持远低于政府所付出的代价。

联邦政府对私有租赁住房开发的资助主要包括低息贷款、税收抵扣、税收补贴等"补砖头"的方式。

低息贷款有三种。一是私人开发商在开发符合联邦政府要求的私有租赁住房时，可从放贷商手中获得由联邦住房管理局担保的、低于市场利率的住房抵押贷款。二是联邦政府直接给予开发商利息补贴，补贴额度为贷款总额乘以市场利率与1%之间的差值。三是联邦政府直接为开发商提供50年、利率为1%的长期低息贷款。

税收抵扣是美国联邦税法对租赁住房设有"折旧提成"，可用于抵扣房产所有者相同数额的个人所得税。具体方法是，联邦政府通过公式计算出房产在法定折旧期限内的维护费用，除以折旧年限得到每年的折旧额，作为征收个人所得税时的减免额度。

低收入住房税收补贴政策依据1986年《税收改革法案》设立，是联邦政府资助私有租赁住房的替代政策。这类住房的租户选择、租金水平、运作年限由政府设定。通过对住房相关支出和投资发放税收补贴，激励私人开发商建设面向低收入者的租赁住房。在这些项目中，每获得1美元补贴，就意味着可少缴1美元的联邦个人所得税。投资者可以连续10年获得税收补贴，但必须提供给低收入家庭居住至少15年。截至2010年，这项政策共资助3.3万个低收入住房项目，开发了201万套住房，占据公共住房的20%~30%。

1990年，美国通过了《国家可支付住宅法》（National Affordable Housing Act of 1990），通过税收支持计划的方式，鼓励更多私人开发商参与高品质租赁住房开发。

租赁住房行业税收改革

抛开这一阶段经济周期波动的影响，单从政策层面上看，宽松的货币政策和扩张的财政政策是促进美国住房租赁行业发展的关键因素之一。而金融创新工具一定要与税收刺激政策配合，才能达到助推器的作用。

1986年，美国进行了第二次税改——通过《税收改革法案》，调控过热的地产投资，同时建立了鼓励REITs发展的长效机制。这次税法改革，主要从折旧和收益税率层面对商业地产（含租赁住房）进行了相关细则约定：一是允许将商业地产折旧年限下限从15年大幅上调至31.5年；二是允许将商业地产的折旧方法从"175%余额递减法"调回至"直线法"；三是不允许对商业地产投资被动损失进行税收剔除；四是将资本收益税率从20%调升至28%。同时，《税收改革法案》也推出不动产按揭贷款投资通道（Real Estate Mortgage Investment Conduits，简写为REMIC）的免税模式，规定了资产证券化中SPV（Special Purpose Vehicle，特殊目的公司）享受税收中性待遇的关键条款，直接促使REITs从双SPV结构到单SPV的简化。

总之，为促进住房租赁市场发展，美国制定了针对住房租赁市场供给端与需求端的支持政策。在供给端，美国通过多种渠道增加租赁住房供给。除私人房地产开发商兴建大量的市场化租赁住房外，美国住房和城市发展部还通过为开发商提供贷款和担保，与开发商共同合作兴建出租房，或由联邦政府兴建保障性政府资助住房。通过税收政策鼓励住房租赁市场发展，具体包括通过设置高昂的房产税，挤出闲置住房。此外，美国发展房地产投资信托基金，不仅为房地产企业提供了畅通的融资渠道，还通过专业化运营管理来盘活存量市场。

在需求端，美国政府通过保障低收入家庭租房权限、发放"租房券"等手段来保护租房需求。美国住房和城市发展部基于不同地区家庭的平均收入水平，制定收入水平标准，以此来进行低收入家庭的资格认定。其中，低收入家庭、特别低收入家庭、极低收入家庭可以申请公共住房，并获得相应住房保障。

美国租赁住房 REITs 市场现状及特点

截至 2021 年年底，美国拥有全球数量最多的已发行 REITs 住房租赁企业，共 21 家。REITs 规模排名前五位的住房租赁企业房间规模均超过 4 万间，如图 2-10 所示。其中，MAA 房间规模为 10 万间，为全球单只房间规模最多的租赁住房 REIT。

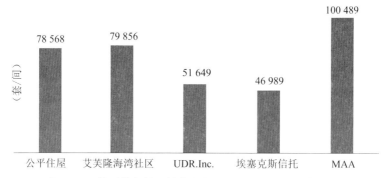

图 2-10　美国排名前五位的租赁住房 REITs 规模（2020）

资料来源：美国房地产信托协会和各品牌年报，ICCRA 统计整理。

美国 21 只租赁住房 REITs 的底层资产，94.6% 聚焦于本土市场，总市值超过 1 600 亿美元。其中，排名前五位的租赁住房 REITs 市值规模均在 180 亿美元以上，如图 2-11 所示，合计占比超过租赁住房 REITs 总市值的 85%，市场集中度非常高。

从运营表现来看，美国租赁住房 REITs 的毛利润率水平始终为

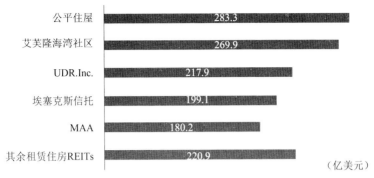

公平住屋	283.3
艾芙隆海湾社区	269.9
UDR.Inc.	217.9
埃塞克斯信托	199.1
MAA	180.2
其余租赁住房REITs	220.9

（亿美元）

图 2-11 美国排名前五位的租赁住房 REITs 市值情况（2020）

资料来源：美国房地产信托协会和各品牌年报，ICCRA 统计分析。

56%~60%，2020 年为 59.88%，投资回报率为 5.01%。美国住房租赁行业有严格的分级定档机制，无论新建项目还是改造类项目均有标准化产品要求，这对于控制开发成本起到了一定作用。

从股价表现来看，美国租赁住房 REITs 股价增速快，非常具有投资价值。2018—2021 年，美国租赁住房 REITs 股价的年复合增长率达到 16.23%。

从综合收益来看，租赁住房 REITs 派息率（dividend yield）稳定，较办公、零售等业态更受投资者青睐。派息率是每股股息与股价的比率。低派息率表明该 REITs 价格较高，而较高价格通常是由高质量的资产组合、优良的资产负债情况、高效的资产管理团队所致。相反，较高的派息率可能表明该 REITs 在现金流状况、资产负债表稳定性以及管理层团队的某个因素上不及竞争对手。2020 年，美国租赁住房 REITs 的派息率为 3.2%，低于所有业态 REITs 的平均派息率 3.31%（工业 2.52%、办公 3.87%、零售 5.39%、数据中心 2.3%、基础设施 2.35%）。[1]

---

[1] 资料来源：Nareit，REITWatch 2020.

从估值表现来看，美国租赁住房 REITs 整体估值高且稳定。按照现金流贴现法（把住房租赁企业未来运营期间内的预期现金流还原为现值）进行估值，美国租赁住房 REITs 估值水平较高，2020 年股价 / 每股净营运资金（P/FFO）为 22.1。从 2015—2020 年的历史数据来看，美国租赁住房 REITs 的估值水平始终维持在 19~23。同时，从排名前五位的租赁住房 REITs 数据监测来看，P/FFO 估值相差不大，如图 2-12 所示，说明整体市场较为成熟，投资者认知度较好。

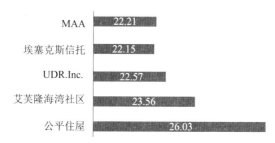

图 2-12　美国排名前五位的租赁住房 REITs 估值表现（2020）
资料来源：美国房地产信托协会和各品牌年报，ICCRA 统计分析。

德国住房租赁市场：保障性最佳

德国的住房自有率低，住房租赁行业非常发达。2014 年，德国有 54% 的居民租房居住，在欧盟各国中排名最高。在住房租赁市场的 2 360 万套租赁房源中，居民单独所有和共管公寓合计 1 430 万套，占比 60.6%；机构持有 930 万套，占比 39.4%，其中私营公司、公共住房公司、住房合作社持有租赁房源分别占 17.8%、11.4%、8.9%，如图 2-13 所示。发达的住房租赁市场，形成了购买或租赁住房自由选择机制，起到了分流购房需求的作用。

与其他发达国家不同的是，德国住房租赁行业是在政策先行、政府监管的前提下稳步发展起来的。其中，政策特点十分鲜明，即"充分保障租户权益，时刻保证市场有效供给，充分依靠税收制度调节"。

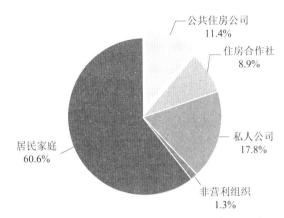

公共住房公司
11.4%

住房合作社
8.9%

私人公司
17.8%

非营利组织
1.3%

居民家庭
60.6%

图 2-13　德国租赁住房所有权结构（2014）

资料来源：德国联邦统计局，恒大研究院。

住房租赁市场建设主体多元、渠道多样

德国租赁住房的建设主体多元、渠道多样，除个人出租住房外，还有三类典型专业机构供应政策性租赁住房。

（1）开发商：开发商在具备 15%~20% 的自有建设资金后，可以接受政府的补贴和无息（低息）贷款建设租赁住房。但这类租赁住房房租在 3 年内会受到政府的租金限制管控，3 年期满后可以提高至市场水平。

（2）国有住房租赁公司：这类企业的租金水平通常很低，以柏林最大的国有市政房地产公司 Gewbag 为例，其租金水平仅仅相当于市场租金的一半。因此，这类企业运营的租赁住房空置率保持在较低水平，在民生保障问题上起到了"压舱石"的作用。

（3）住房合作社：住房合作社获得建房的土地后，与会员企业（也包括个人）协商建造住房。参与合作建房的会员按照一定的建筑标准缴纳建房费用，费用不足的部分可向政府申请低息甚至无息贷款。住房建成后，会员即可按照一定的租金水平长期租住，该租金水平远低于市场租金。

此外，德国建立了有限保护租户权益的租赁住房制度，并在此基础上形成了相对公平的住房租赁市场，辅之以租金控制手段，使租房成为德国家庭的主要居住方式[①]。这一制度的优势主要体现在两方面。第一，租约稳定。德国住房租赁合同一般分为有限期合同和无限期合同，但大多数为无限期合同。为保持住房租赁合同的稳定，出租人要解除合同，会受到若干条件的限制。第二，租金控制。即便是市场化的租赁住房，也要遵守国家规定的租金控制法律。

德国机构化租赁住房企业呈现出明显分散状态。即使在德国DAX30 指数中两家上榜的租赁住房企业——Vonovia 和 Deutsche Wohnen，合计提供超过 63 万套租赁住房，也仅占机构租赁住房企业管理规模的 6.8%。表 2-5 为这两家企业的有关情况。2021 年第三季度，Vonovia 完成了对竞争对手 Deutsche Wohnen 的收购，获得了Deutsche Wohnen 87.6% 的投票权，通过合并创建了欧洲最大的住宅房地产集团。在 2021 年并购前，Vonovia 和 Deutsche Wohnen 的管理规模分别为 33.8 万间和 15.5 万间，均为"自建及收购 + 运营"的重资产模式。

对于住房租赁开发运营企业来说，规模是控制运营成本、提高利润率的首要因素。Vonovia 自 2011 年成立以来，依托欧洲四大产业基金之一泰丰资本大力收购和开发建设租赁住房，短短 9 年内房间数量倍增，成为德国市值第一的租赁企业。如图 2-14 所示，2015年是 Vonovia 规模发展的转折点，其房间规模增加到 32.4 万间，较

---

① 资料来源：钟庭军.德国均衡住房体制[M].北京：中国建筑工业出版社，2021.

2014 年增长了 1.76 倍；每间房的运营成本由 2014 年的 754 欧元降低至 645 欧元，降幅达到 14.5%；利润率上升至 67.7%。自此以后，随着房间规模的持续扩大，Vonovia 每间房的运营成本持续降低，而利润率不断上升，规模效应显现。

表 2-5 德国运营管理规模排名前两位的租赁住房企业基本情况（2020）

	Vonovia	Deutsche Wohnen
创始年份	2011 年	1996 年
发展背景	• 德国 50% 以上的租房人口比例 • 立法、金融及财税政策支持 • 租赁回报率高，但租金涨幅受调控	
商业模式	重资产模式；租金收益 + 增值服务收益 + 资产增值	
主营业务	• 租赁：收入占比 59.2%（利润占比 81.4%） • 增值服务：收入占比 25.3% • 开发：收入占比 6.8% • 销售/资产处置：收入占比 8.7%	• 公寓租赁及运营：收入占比 43.7% • 销售/资产处置：收入占比 45.9% • 养老设施租赁及运营：收入占比 9.6% • 其他：收入占比 0.8%
资金来源	上市公司	
运营业绩	• 租金水平：6.95 欧元/平方米 • 出租率：97.6% • 每股派息率：1.69 欧元	• 租金水平：6.71 欧元/平方米 • 出租率：98.3% • 每股派息率：1.03 欧元
发展定位	中端租赁住房开发商	

资料来源：Vonovia 官网、Deutsche Wohnen 官网。

除了运营成本降低，规模效应也能够摊薄开发建设及研发成本。Vonovia 依托集团规模效应，实现集团化采购及自建供应商团队（包括建筑公司、物业管理、相关上下游配备商等）；同时，通过大规模体量的模块化施工（预制混凝土、木材混合和钢骨架），使建筑成本由 2 080 欧元/平方米降低到约 1 800 欧元/平方米，施工期压缩到 3 个月。

Vonovia 一直采取核心区域布局战略。按照人口净流入，德国城

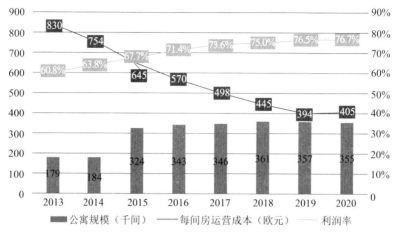

图 2-14　规模与运营效率的关系（Vonovia，2020）

资料来源：Vonovia《2020 年度财务报告》。

市分为快速增长型、增长型、徘徊型、收缩型、快速收缩型五大类。Vonovia 的战略布局区域基本以快速增长型和增长型城市为主，其余为非战略布局城市。Vonovia《2020 年度财务报告》显示，战略布局城市实现了 8.6% 的收入增长，而非战略布局城市增长率仅为 1.6%。

与 Vonovia 的布局战略不谋而合，Deutsche Wohnen 将德国城市划分为三个等级——超级核心城市、核心城市、非核心城市。其中，每个超级核心城市和核心城市内部，又划分出热点片区、增长型片区和稳定型片区，如表 2-6 所示。超级核心城市占整体规模的 93.2%，其中 64% 集中在热点片区和增长型片区，而这些区域无论在平均租金、出租率还是市值贡献度上都有极佳的表现。

表 2-6　Deutsche Wohnen 持有运营租赁住房的布局特点（2020）

城市等级	城市内部片区等级	房间数量（间）	平均租金（欧元/平方米）	空置率	市值（欧元/间）
超级核心城市		144 812	6.75	1.7%	2 774

城市等级	城市内部片区等级	房间数量（间）	平均租金（欧元/平方米）	空置率	市值（欧元/间）
	热点片区	39 342	7.03	1.8%	3 389
	增长型片区	71 236	6.93	1.9%	2 774
	稳定型片区	34 234	6.11	1.1%	2 100
核心城市		10 378	6.19	1.9%	1 519
	热点片区	111	6.62	8.0%	1 705
	增长型片区	8 760	6.28	1.7%	1 560
	稳定型片区	1 507	5.67	2.4%	1 261
非核心城市		218	5.93	2.3%	1 059
合计		155 408	6.71	1.7%	2 683

资料来源：Deutsche Wohnen《2020 年度财务报告》。

做大规模和市值，就要关注"面包黄油"（Bread & Butter）客群。"面包黄油"客群是指中端和中低端租客，中低价位租金、中小户型的租赁住房是这类客群的刚需。两家头部企业 Vonovia 和 Deutsche Wohnen 不约而同地以服务"面包黄油"客群为主。

根据德国住房企业协会（GDW）的统计，2020 年，德国租赁住房的平均租金水平为 7.11 欧元 / 平方米，空置率为 4.2%。Vonovia 在德国的平均租金为 6.95 欧元 / 平方米，空置率为 2.4%；Deutsche Wohnen 为 6.71 欧元 / 平方米，空置率为 1.7%。Deutsche Wohnen 的布局中 59.2% 的公寓租金在 5~7 欧元 / 平方米，64.9% 的户型面积在 65 平方米以下，其中以开间、一居室为主，如图 2-15 所示。

翻新改造是成熟住房租赁市场中实现利润增长的重要途径。根据德国住房企业协会的统计，2018—2021 年，德国平均租金水平涨幅有所趋缓，如图 2-16 所示，对于服务刚需租客的企业来说，显然无法仅依靠租金自然增长实现利润增长。因此，翻新改造成为成熟住房租赁市场中获取超额利润、实现利润增长的重要途径。

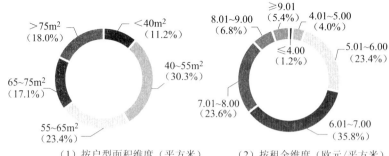

图 2-15　Deutsche Wohnen 公寓分布

（1）按户型面积维度（平方米）　　（2）按租金维度（欧元/平方米）

资料来源：Deutsche Wohnen《2020 年度财务报告》。

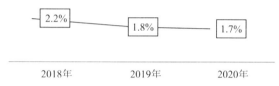

2.2%　　1.8%　　1.7%

2018年　　　　　2019年　　　　　2020年

图 2-16　德国平均租金水平涨幅

资料来源：德国住房企业协会。

Vonovia 2020 年度财报显示，其 3.1% 的租金增幅由三部分构成：租金自然上涨（0.6%）、翻新改造实现的租金上涨（1.9%）、新建物业带来的租金上涨（0.6%）。Vonovia 有个经典翻新改造案例：柏林一个建成于 1938 年的 60 平方米两居室，改造着重于墙面优化、镶木地板、安装高级卫浴设备、升级厨房、电力设备等。通过改造，不仅使租金从 5 欧元/平方米提升到 7 欧元/平方米，而且通过标准化改造升级，特别是对于电力设施的改造，有效降低了运营成本，从而使收益率提高到了 9.6%。

保障需求侧，鼓励供给侧

德国住房租赁市场起步于第二次世界大战后，政府对于租赁市场保持政策的一致性，引导作用强大，即"保障需求侧、鼓励供给侧"。德国住房租赁市场的发展可以大致划分为两大阶段。

阶段一：构建多元化的主体供给体系，保障房源供给充足

1950年，德国颁布了第一部《住房建设法》（I.Wohnungs baugesetz），出台了4种支持住房建设的手段：一是公共资助，包括提供无息和低息贷款；二是融资担保，为自由市场上的住房建设贷款提供担保；三是税收优惠，对于新建、重建、修复和扩建的住房，免除10年土地税；四是土地供应，为住房建设提供或出租价格适宜的建设用地，优先考虑社会住房建设。这部法律的主要作用是鼓励市场提供多元化的租赁住房，保证租赁住房的充足供给数量。

首先，政府支持非营利性互助组织——住房合作社的发展。住房合作社是德国会员制的租赁住房互助组织。在资金上，政府提供长期低息或无息贷款，贷款期限一般在30~40年，最长可以达到65年，支持住房合作社的租赁住房建设；在土地上，政府提供价格较低的建设用地；在税收上，政府以较低的税率向合作社征收所得税、财产税、不动产购置税和交易税等；在补贴上，政府对低收入者给予部分租金补贴。

其次，鼓励市场化房地产开发企业建设租赁住房。政府与购得土地的企业签订建房合同，并同步提供占建设费用50%的无息贷款。对于这类租赁住房，企业始终拥有所有权，但政府拥有20~30年不等的使用权，在此期间，政府对房源的租金进行严格控制，一般为市场租金水平的50%~60%。20~30年政府使用期过后，企业可以获得使用权，并按照市场化租金水平对外出租。

1956年，德国颁布第二部《住房建设法》（II.Wohnungs baugesetz），通过提供私人建房贷款、建房费用加速折旧抵税以及免除土地税等优惠，鼓励私人建设住房，进一步扩大了住房供给主体。德国政府非常重视鼓励私人地产公司从事租赁住房的开发和建设。1960 年，《关于减少住房统制经济和关于社会租赁和租赁权的法律》出台，通过有限放松对于租金定价和上涨的管控手段，达到了刺激租赁住房市场供应、改善居住环境和品质的目的。1982 年，《增加租赁住房供应法》明确规定：（1）开发商必须按比例（通常为 30% 左右）建造廉租房向低收入者出租，同时建设租赁住房将获得更多的税收优惠；（2）对于租赁住房，折旧率高于普通商品住房，高折旧率会降低应纳税租金收入，相当于变相减轻税负。

阶段二：充分保障租户权益

自 1965 年开始，德国政府对于住房租赁市场的调控开始转向如何保障租赁需求，主要从两个方面入手：一是租房补贴与租金限制并重，提高租房者的支付能力；二是保障租购同权，解除租房者的后顾之忧。

在租房补贴方面，德国政府于 1965 年颁布了《租金补助法》，规定由联邦政府和州政府承担低收入家庭实际缴纳租金与可承受租金的差额，可承受的租金一般按照家庭收入的 25% 确定。

《租金补助法》还体现在通过货币补贴的方式对租房群体提供住房补贴，提高租房群体的支付能力。住房补贴分为一般性住房补贴和特殊性住房补贴。一般性住房补贴包括房租租金补贴和普通家庭住房花费补贴；特殊性住房补贴是指给予战争受害者及其他社会救助者的补贴，2005 年后取消。1991—2004 年，德国平均每年有 8.2% 的家庭获得了住房补贴，政府年均补贴金额达 36.5 亿欧元；2005—2017 年，平均每年有 1.8% 的家庭获得住房补贴，政府年均补贴 11.4 亿欧元。2017 年户均补贴金额为 2 022 欧元，是 1991 年的 3 倍多。户均补贴额不断提升，保障了受补贴家庭的实际补贴水平与生活水平不受物价上涨、租金上涨的影响。

在租金限制方面，德国政府于 1971 年颁布了《住房租赁法》。该法律规定租金 3 年内涨幅不能超过"合理租金"（由当地房屋管理部门与房地产企业、承租人协会、中介组织协商后制定）的 20%，否则房东就构成违法行为，承租人可以向法庭起诉；超过 50% 则直接构成犯罪，房东将面临 3 年刑罚风险，同时房东若想解除合约，需提前通知租户，通知期限与租期长短挂钩。

1971 年，第一部《住房解约保护法》出台，标志着德国以充分保障租户权益的法律体系逐步形成。1974 年，德国出台了第二部《住房解约保护法》。两部《住房解约保护法》的核心是对房东解约权利以及擅自涨租金行为的限制。

1982 年《增加租赁住房供应法》、2001 年《住房租赁法改革法》、2013 年《住房租赁法修正案》、2015 年《住房租赁法修正案》都对租金涨幅进行了严格限制，比如 2001 年《住房租赁法改革法》要求租金 3 年内涨幅不超过 20%；2015 年《住房租赁法修正案》限定了在住房供应紧张的区域，新签约合同租金不得超过租金标准的 1.1 倍。

在保障租户权益方面，法律制度除了在租金层面给予补贴外，更保障租赁群体享受平等的社会资源。与中国不同的是，德国没有户籍制度，租户只需登记注册并依法纳税，不受产权限制，就可享受当地公共资源和服务，包括教育、医疗等资源。例如在教育资源方面，租房即可获得所在地区接受教育的权利，而且学校并无等级区分，学区内的教师轮岗执教，保障教育资源均等化。

此外，经过近 40 年的发展，德国租赁住房法律体系逐渐形成了包括解约保护、租金控制、当事人变更、改造升级等多项租赁双方合同关系的较为完备的体系。

货币金融政策与税收政策是基石

在德国住房制度顶层设计的法律框架下，货币金融政策与税收政策是保障德国住房租赁体系的基石。

德国的货币金融政策执行的是中性稳健操作模式。

首先，货币政策以稳定币值为目标，德国中央银行自我约束能力强，始终保持独立，严格自律不超发货币，成为治理通胀的国际标杆。

其次，严控信贷和杠杆水平，德国非金融部门杠杆在发达国家中处于显著低水平。

最后，德国独特的住房储蓄模式——由专业的住房储蓄银行与储户建立起互助的融资机制，在储户有购房需求时，能够有效地降低储户购房的贷款成本。这一模式为充足的租赁住房供给提供了坚实的保障。第二次世界大战后，德国在面临住房短缺的同时，也面临着严峻的资金短缺，政府资金几乎都被投放于工商业投资以复苏经济，难以为住房建设提供足量资金，因此，依靠市场力量发展起来的住房储蓄模式得到推广。

德国政府针对房地产开发商建设用于出租的房屋给予免税或者直接补贴。相比建设用于出售的房屋，开发商可得到更多税收优惠。因此，德国住宅租金收益率较高，稳定在3%~5%的较高水平，在客观上激发了开发商乐于开发租赁住房的动力，房主出租房屋的动力也更足，有效刺激了租赁住房供应量。同时，房屋租金收入计入个人年收入所得，依据《所得税法》规定缴纳个人所得税，属于保有环节税种。租金收入所得税的应税金额为扣掉房屋折旧、维修等成本后的净租金收入。

此外，在税收政策规定的折旧率方面，租赁住房高于普通商品住房。例如，德国规定出租房屋的建筑成本在50年内折旧完毕。在这种税收制度下，出租房的投资者和承租者，比商品房的投资者和购房者享有更大程度的税收优惠。

为了鼓励持有出租，打击炒房，德国还推出了独特的差价盈利所得税。为鼓励居民将住房用于自住或出租，减少短期、投机性需求，德国政府对三种情形予以免征差价盈利所得税：一是买房时房屋自带租客，买房后未与租客解约，持有 10 年后出售者；二是买房时房屋自带租客，与租户解约后，自住满 3 个完整日历年者；三是买房时不带租客，用于自住者。

英国住房租赁市场：为租而建

英国住房租赁市场的发展最初以政府建设的公共住房（Social Housing Sector，简写为 SHS）为主，逐步形成了公共住房与私人租赁住房（Private Rented Sector，简写为 PRS）并存发展的态势。其中，私人租赁住房包括"买房即为出租"模式（Buy-to-let，简写为 BTL）的个人房东和"为租而建"模式（Build-to-rent，简写为 BTR）的住房租赁企业。近年来，BTR 模式得到了迅猛发展。

从个人房东到为租而建

根据 2018 年英国私人租赁住房分析报告（UK Private Rented Sector: 2018），2007—2017 年，英国 PRS 类租赁家庭比例从 13% 增加到 20%。家庭数量从 2007 年的 280 万户增加到 2017 年的 450 万户，增加了 170 万户，增幅达到 63%。

其中，较年轻家庭相比较年长家庭更有可能租房居住。2017 年，25~34 岁年龄组是最大群体，占比约 35%。PRS 类家庭年龄也呈老龄化趋势，如图 2-17 所示。从 2007 年到 2017 年，45~54 岁的家庭比例从 11% 上升至 16%，增加了约 38.4 万户，而 16~24 岁的家庭比例从 17% 下降至 12%。

针对 BTL 市场，英国政府为投资者提供了灵活的杠杆和潜在的税

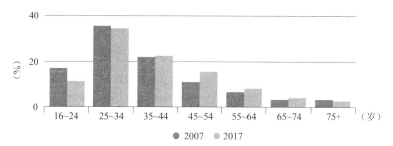

图 2-17　英国租房家庭年龄分布（2007 年和 2017 年）

资料来源：年度人口调查，英国国家统计局。

收优惠。因此，持有 10~100 套房产的中小型房东在租赁住房存量上占据很大一部分，与大型机构类住房租赁企业相比，更具成本竞争力。然而，大多数 BTL 租赁住房分布在老旧的私人存量物业中，且由于经济下行的不确定性，以及 BTL 模式下缺乏统一的租赁管理团队，物业品质参差不齐。

由于 BTL 模式无法在短期内填补市场庞大的需求缺口，"为租而建"的 BTR 模式兴起并迅猛发展。根据英国房地产联合会（British Property Federation）的《为租而建 2022 年一季度报告》，从全英国范围来看，截至 2022 年一季度，英国已交付运营、在建或正在规划的 BTR 规模超过 225 000 套，同比增长了 14%。其中，已投入运营的物业占比 32.2%，在建物业占比约 20.5%，其余 47.2% 为规划状态。2022 年一季度，伦敦的 BTR 规模占全英国的 48.2%，同比增长 12%。

BTR 的发展特点主要体现在 4 个方面。

一是市区项目为主，规模逐步增大。根据《为租而建 2022 年一季度报告》，BTR 项目的平均规模为 230 套（间）。其中，已交付运营的项目规模普遍较小（约 140 套），规划中的项目规模普遍较大（约 308 套），且不乏超过 1 000 套的大型 BTR 社区。从分布上看，约 90% 的项目分布在市区范围内，如图 2-18 所示。

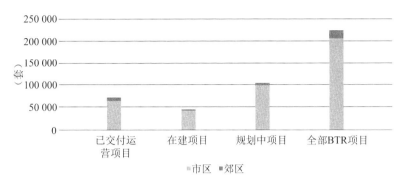

图 2-18　英国 BTR 项目分布情况（截至 2022 年一季度）

资料来源：英国房地产联合会，《为租而建 2022 年一季度报告》。

　　二是根据所处地理位置为租户规划、设计各种设施和服务，提供更好的居住体验。BTR 项目的优点具体包括：（1）具有长期稳定的租期和可预测的租金水平，通常位于较大的城镇，且选址于良好的公共交通交汇处；（2）公共设施丰富，如包含休息室、健身房、屋顶露台等，也会组织丰富的社交活动；（3）全天候运营管理服务，除提供包括超高速宽带、有限的礼宾服务、储物柜和自行车停车场等必要服务之外，还包括租车、干洗和托管等附加服务。

　　三是租户特征多元。从年龄上看，25~34 岁年龄组的居民占 BTR租户数量的 62%（相比之下，PRS 的这一比例为 47%），说明 BTR 的租户更为年轻。

　　从租户收入水平上看，BTR 租户的收入与 PRS 租户类似——43%的租户年收入水平低于 32 000 英镑，另有 29% 的租户年收入水平在32 000~47 000 英镑。在 BTR 的租户中，夫妻 / 情侣类租户的租金收入比约为 27.4%、有子女家庭类的租金收入比约为 32.4%、单身租户的租金收入比约为 30%、合租类租户的这一数字约为 28.9%。不过，根据英国政府的要求，BTR 会以低于市场租金的折扣租金形式提供保障性租赁住房，进一步满足英国大城市特别是伦敦的多元化租户需求。

从租户从事的职业来看，BTR 的租户中排名前三位的职业类型是：25% 从事金融和保险工作，20% 从事其他各种服务工作（如招聘顾问、摄影记者、记者、健身教练等），15% 从事互联网科技、信息和通信、营销和广告工作。但也有一小部分人（6%）不工作，比如学生、失业者、退休者或是家庭主妇。

四是租金水平稳步上涨。2016—2021 年，英国 BTR 的住房成本占收入的比例约为 32%。这一比例在过去 10 年中没有太大变化。根据 2021 年英国国家统计局的调查，英国家庭每周私人租金支付中位数为 138 英镑。

2021 年，伦敦的住房租金增长率为 0.1%，是英国所有地区中增幅最低的。一方面由于新冠肺炎疫情带来的租住需求减少或改变，如远程办公对于租住偏好的改变，租户可以选择远离办公区附近的更低租金水平的地区；另一方面，这也反映了 BTR 模式下供应量的增加，英国房地产联合会的分析显示，2021 年英国 BTR 模式供给规模增长了 19%。

英国住房租赁市场发展的 4 个阶段

1910 年，英国出现了第一家建造并管理租赁住房的公立机构。不过，由于当时的英国人喜欢住在独门独院的房子里，集中式高层公寓的发展较为缓慢。直到郊区城市化进程不断推进、高速公路建成，促使房地产开发逐渐向郊区发展，住房租赁行业才得以发展起来。截至 2014 年，英国存量住宅为 2 807 万套。其中 1 772 万套属于自有产权住房，约占 63.1%；租赁住房为 1 035 万套，占比 36.9%。私人企业开发的租赁住房为 534 万套，政府开发的租赁住房为 501 万套，占全部租赁住房的比重分别为 51.6% 和 48.4%。

此外，随着越来越多的共居服务（co-living）提供商进入英国市场，出现提供灵活短期租赁的项目。租户租住在同一栋楼内，拥有各自的私人居住空间，但同时与他人共享一系列公共设施，包括共用客厅、餐厅、洗衣房、花园等。一些设施较好的公寓还会提供健身房、咖啡馆、共享办公室等设施。这是该行业最新的资产类别，长远来看发展情况仍有待观察。

具体来看，英国住房租赁行业发展经历了 4 个阶段。

政府主导的公共租赁住房阶段

1919 年—20 世纪 80 年代，英国政府一方面对个人私房出租实施一系列价格限制；另一方面投资建造公共住房，并以低于市价的租金出租给居民。1919 年，英国出台《住宅法》，确定了以公营住宅为核心的住房政策，由政府投资建造公共住房，建成后以低于市价约 40% 的租金出租。

保护租户阶段

20 世纪 60—70 年代，英国经济出现萧条景象，社会贫富分化悬殊，低收入者只能租房居住且可能受到房屋业主的各种盘剥。在这种背景下，1977 年，詹姆斯·卡拉汉政府出台了《租金法》，对行业产生了极其深远的影响。《租金法》不仅保护租户的权益，尤其是居住权，而且限制租金的上涨幅度，即使出租了数十年，租金涨幅也不能超过 5%。

由于该政策过度保护租户，比如规定租户不仅可以一生都住在出租公寓中，而且可以带亲戚朋友共同居住，即使伦敦最核心位置的公寓，也无法按照市场原则定价，所以《租金法》的颁布极大地抑制了开发商的投资和开发热情。直到 20 世纪 80 年代至 90 年代中期，政府开始大规模将公共住房产权从地方政府手中转移到非营利组织，而且转变了租金补贴方式，将对公共住房租户的普遍性补贴变成以家庭财产调查为依据对少数人的补贴，这种弊端才得以部分消除。

保护房屋所有者阶段

由于市场供给骤减，导致大量低收入人口无处安居。1984年，玛格丽特·撒切尔政府出台了《住房法》（Housing Act），政策天平调向了土地拥有者及房屋所有者这一端，房屋所有者可以收取合理的保障金（押金）与租金，同时该法案在有限的范围内保证租户权益，力求使住房租赁市场更加公平。

《住房法》是英国住房租赁行业发展史上的转折点。该法案颁布后，行业发展出现了新景象——投资买房用于出租的个人和机构大量出现。20世纪90年代，英国住房租赁市场的租户达到540万户。

由于投资收益较好，投资买房用于出租的BTL方式开始在英国发展起来，也出现了很多"二房东"式的运营机构。这一阶段，英国在强化政府在住房问题中的主导作用的同时，开始将租赁住房经营推向市场。

BTR阶段

经过近20年的发展，英国租房率达到了四成左右。其中，98%的房源掌握在个人房东和小型"二房东"投资机构手中，这些房源存在不少品质不过关、服务管理差的情况。同时，由于房源集中程度低，与所在社区的医疗、教育资源之间也缺乏关联度，无法形成更大的社会效益。

政策演进

为了解决住房租赁市场的问题，英国政府出台了一系列政策，旨在规范住房租赁市场，保护租客权益。

一是 2008 年英国政府修订《房产租赁法案》①，对房主、房客的义务和常见问题均做出明确规定。同时，法案对中介公司的职业操守也做出明确规定，如房产经纪人必须通过资格审查；中介公司的财务要进行独立审计；经纪公司要设立保险，以备与房主或租房人发生纠纷时给予补偿。

二是 2009 年 5 月 5 日，英国政府推出了首个旨在保护房屋租户利益，规范房产经纪公司行为的执照许可法规，为英国住房租赁市场设定了一个"黄金法则"，保护业主与租户的利益不受损害。与 2008 年的《房产租赁法案》类似，此法案对业主与租客的义务、常见问题均做出了相应规定，主要分为三大部分：提交租房定金或保证金、业主的义务及租赁协议、房屋托管公司职责。

三是 2017 年英国政府发布《住房白皮书》(Housing White Paper)，指出英国存在住房资源短缺问题。政府住房新政旨在建造更多廉租房和降低租金，纾解租户压力，并惩罚囤地开发商。英国正式进入政府推动同时发挥市场力量的 BTR 阶段。

与此同时，2019 年 2 月，英国出台了《租赁费法案》(Tenant Fees Act)，从需求端入手，通过控制租赁过程中的隐性成本（如取消中介费、设定保证金上限——不超过 5 周的房租等），降低租户负担。政府预计通过这项改革，每年为英国各地租户节省至少 2.4 亿英镑，平均到每个家庭，节省约 70 英镑。

在涉及住房租赁行业的金融财税政策上，英国基本集中在如何推进 BTR，共出台了两大类金融财税政策。

一是限制个人房东和小型"二房东"投资机构——取消税收优惠、限制抵押贷款规模等。

---

① 资料来源：杜丽群．英国住房租赁市场信用机制分析与中国借鉴 [J]. 人民论坛：学术前沿，2018（10）．

从 2016 年起，英国财政部宣布任何已经拥有房产的人（指全球范围内，即使已拥有的房产不在英国）在购买超过 4 万英镑的房产时，无论是用于自住还是出租，都需要缴纳额外的 3% 的印花税。

对于那些由于搬家而暂时拥有两套房产的人（已购买第二套房产，但首套房产还没有及时卖出去），时间期限从原来的 18 个月延长至 36 个月，即从购买第二套房产开始的 3 年中，只要能把原来的房产卖出去，就可以要求退还（而非直接免除）这部分税款。

如某人已拥有用于出租的房产，又购入一套房产作为主要居所，那么需要承担额外的印花税。机构类投资者（购买了 15 处房产以上）也将承担额外的印花税。

二是鼓励和支持企业进行 BTR 建设的政策——提供资金和税收支持。

英国政府鼓励企业拥有 BTR 性质的土地，主要政策包括：

第一，设立房屋建设基金，2012 年为 2 亿英镑，2013 年增加到 10 亿英镑。基金通过为政府分担风险或提供过渡性融资，帮助新 BTR 计划进行建设、管理和出租。

第二，2013 年启动 35 亿英镑的私人租赁部门担保计划，为新租赁房屋的房东提供政府担保，使他们能够获得长期融资。同时配合发行了 2.65 亿英镑的债券。

第三，2016 年设立房屋租赁基金，作为房屋建设基金的一部分，包括 20 亿英镑的长期贷款（预计可建成 20 万套租赁住房）和 10 亿英镑的针对中小企业、特定建筑商和创新者的短期贷款。

第四，2017 年发布《住房白皮书》，释放出一系列旨在鼓励 BTR 主要机构投资的措施，包括改变国家规划政策框架，以便地方政府在有需要的情况下积极制订 BTR 计划，并引入"负担得起的私人租金"（APR）的定义。APR 被提议作为 BTR 计划中一种特别的经济适用房形式。APR 的特点是：（1）租金必须至少比当地市场租金低 20%；

（2）BTR 计划中至少 20% 的房屋必须是 APR ；（3）鼓励租期在 3 年或以上的家庭型租户。

第五，在税收方面，原本英国许多税收政策不利于 BTR 发展，比如增值税以及印花税税率较高。2016 年，英国财政部对印花税的征收进行修订，免除了大型投资者 3% 的印花税附加费。

纵观英国住房租赁行业的发展历程，可以看出对于租户为代表的需求端不能进行过度的行政保护，过度的租金管控和限制往往会抑制机构投资于行业的积极性。政府直接提供专项贷款的形式，以及税收补贴和减免的形式是刺激行业向机构化方向发展的最直接和有效的途径。

不断完善的 BTR 模式

在过去 10 年中，英国 BTR 模式在伦敦和英国其他地区都经历了大幅增长。据英国房地产联合会统计，截至 2018 年年底，共有约 13.2 万套新公寓（其中已完工 25 655 套，在建 41 870 套，规划中 64 320 套），比上年增长 26%。伦敦以外的公寓数量（共计 64 738 套，占比约 49%），规模首次与首都的公寓数量（共计 67 177 套，占比约 51%）大致相当。

然而，BTR 的快速增长也为英国的规划体系带来了越来越大的压力，迫使其不得不寻求克服机构投资和新项目开发的障碍。为此，英国政府开始进行政策研究，寻求解决方案以应对现有监管框架受到的挑战。这些解决方案专门针对 BTR 制定了资格标准和要求，为地方规划当局和 BTR 企业提供了指导方针。

2018 年 9 月，英国政府发布了 BTR 的规划实践指南（PPG）。这对行业来说是一个里程碑式的时刻，不仅承认 BTR 有潜力为英国住房供应和安置做出积极贡献，而且需要根据行业商业模式和独特的经济发展规律制定规划方法。

PPG旨在通过解决规划系统内对机构投资和新项目开发的障碍,支持BTR的增长。它首次规范了BTR的定义,以及它与其他住宅开发方式的区别,并设立了有关地方当局应如何处理规划政策、可行性、义务,以及在获得许可后如何保持对土地使用权的控制的指导方针。主要指导原则如下。(1)BTR的定义是:一栋或多栋机构类租赁住房,由专业人员管理,拥有单一所有权,租期为3年或3年以上。(2)空间标准的灵活性:地方规划部门无须要求所属区域内的BTR开发项目遵守国家相应规划空间标准。(3)设置一定比例的折扣租金型租赁住房:对于BTR开发项目需在整体规划中配比基准为20%的折扣租金型租赁住房。(4)折扣租金型租赁住房:可设定为市场租金的80%(包括服务费),并将永久维持。通过跟踪同区域内的市场租金增长,为每个新租或续租项目计算租金折扣。市场化租赁住房和折扣租金型租赁住房均应由BTR运营商管理。(5)折扣租金型租赁住房承租人的资格标准:由BTR运营商而非地方当局最终决定,以避免冗长的谈判和规划过程中的延误。

PPG受到英国BTR行业和地方议会的普遍欢迎。它确定了具体的政策指引,以提高BTR项目的可行性,同时扩大开发商和投资者的影响力。

迄今为止,英国BTR行业的投资仅由少数大型机构投资者主导。2020年,随着英国脱欧不确定性的消退,以及强劲的劳动力市场和高工资增长,加上租住需求持续增长,已经有更多的新的投资机构开始进入BTR行业。此外,来自美国和欧洲大陆的海外投资也加入其中。这种情况不仅发生在伦敦,也发生在英国其他地区,如伯明翰、利兹和曼彻斯特等收益率较高的地区。

此外,越来越多的英国BTR行业投资者将注意力转向对于合格运营商的选择和评估上,以确保BTR资产的保值和增值。在美国等成熟市场并没有这种趋势，因为第三方运营管理公司发达，机构投资者不必成立专属的运营管理公司。然而，在英国的 BTR 行业，一个新趋势是大型投资者正在评估是否要设立内部运营管理部门。

日本住房租赁市场：机构化运营管理程度最高

日本是住宅自持率相对较高的国家，自持住宅占比为 60% 左右。根据日本国土交通省的统计，2018 年，日本租房人口在住房总人口中的占比为 38.8%。日本住房租赁市场逐渐显现出对经济拉动的贡献，同时，随着政府逐渐减少公租房的直接供给，民营租赁住房占比不断增长，特别是机构化租赁住房企业不断发展、区域集中度高、租客多元化、租房品质提升、注重老年人居住品质等趋势显现，逐渐形成"建造 – 使用 – 改造 – 翻新 – 再使用"的独特生命周期。[①]

市场规模与特点

日本的租赁住房分为公营租赁住房、都市再生机构（UR）租赁住房、民营租赁住房以及工资公寓四大类型。其中，公营租赁住房是地方政府为低收入者建造的出租型公寓，按照《公营住宅法》（1951）的规定进行建设与运营。都市再生机构的前身为日本住宅公团，是以支援大城市和地方中心城市的开发建设、供给和管理租赁住房为主要任务的专门机构。民营租赁住房分为木造和非木造两类，非木造的租赁住房是指钢筋混凝土等结构的楼房，从 20 世纪 80 年代以来，该类型租赁住房的占比明显增加。工资公寓是指企业或机构作为福利

---

① 资料来源：何伟，殷文凯.住房租赁市场之国际比较 [J].中国房地产，2021 年（31）. 25–29.

待遇的一种形式提供的租赁住房，包括企业宿舍、公务员专用公寓、政府要员官邸等。

从 1963—2018 年的统计数据来看，日本租赁住房的规模呈现逐年微幅增长的态势，年均复合增长率为 1.8%，如图 2-19 所示。2018 年，日本租赁住房规模为 1 906.5 万套，其中，公营租赁住房占比 10.1%，都市再生机构租赁住房占比 3.9%，民营租赁住房占比 80.2%（个人持有的租赁住房为 68.2%、机构持有的租赁住房为 12%），工资公寓占比 5.8%。都市再生机构所持有租赁住房总数为 74.7 万套，较上年有所减少，但其依然是日本最大的机构类业主。

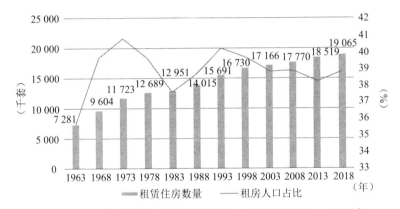

图 2-19　日本租赁住房规模及租房人口情况（1963—2018）

资料来源：日本国土交通省。

根据日本国土交通省的数据统计，2008—2018 年，日本每年新开工建设的租赁住房数量较为稳定，占总体新开工建设住宅的比例平均为 40.3%。2018 年，新开工建设的租赁住房为 39.8 万套。

日本住房租赁市场发展呈现四大显著特点。

第一，租赁住房集中于三大都市圈，即东京都市圈、大阪都市圈和名古屋都市圈。日本国土交通省的统计显示，2018 年，三大都市圈租赁住房的规模占日本整体住房租赁市场规模的 61.3%。

以日本租赁住房 REITs 中估值最高的 Advance Residence Investment Corporation 为例，在东京核心区布局的资产对其整体净利润（NOI）的贡献度达到 68.91%，如表 2-7 所示。

表 2-7　不同区域资产对该公司净利润的贡献度　　　　　　　　（%）

东京中央 7 区	36.57
东京都 23 区（不含中央 7 区）	32.34
东京都 23 区之外区域	9.85
日本其他城市	21.25

资料来源：Advance Residence Investment Corporation 财报，ICCRA 整理。

第二，租金相对稳定，租金收入比相对较低。1988—2018 年的 30 年间，日本全国、东京都市圈和大阪都市圈的木造与非木造租赁住房的租金价格涨跌幅度不明显。以东京都市圈为例，30 年间，木造与非木造的租金水平年复合增长率分别为 2.23% 和 1.73%。同时，2008—2018 年，日本全国租金收入比——租房家庭的月均房租支出占家庭收入的比例适中，维持在 13%~15%，且呈现微幅下降的态势，如图 2-20 所示。其中，租金涨幅可控的一个重要原因是日本租赁住房运营机构较多采用"包租模式"，且包租周期普遍较长。

第三，小面积户型占比较高。随着行业发展的日益成熟，租赁住房管理趋于标准化，市场开始按照户型面积进行分类，如单身型（30 平方米以下）、紧凑型（30~60 平方米）、家庭型（60~100 平方米）、舒适型（100 平方米以上）、宿舍型（双人间，30~40 平方米）。其中，以单身公寓为主力户型，一方面在于单身租房者的占比较大，另一方面是因为日本东京、大阪等城市的平均土地价格高于其他城市。以 Advance Residence Investment Corporation 和另一家典型的住房租赁企业 Comforia Residential REIT 为例，两家均以单身型和紧凑型户型产品为主，如图 2-21 所示。

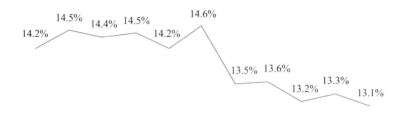

2008 2009 2010 2011 2012 2013 2014 2015 2016 2017 2018（年）

图 2-20 日本租金收入比情况（2008—2018）

资料来源：日本国土交通省。

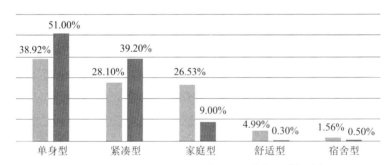

■Advance Residence Investment Corporation ■Comforia Residential REIT

图 2-21 日本典型租赁住房 REITs 企业的产品分类

资料来源：Advance Residence Investment Corporation 和 Comforia Residential REIT 财报，ICCRA 整理。

小户型作为租赁住房主力产品也契合了日本人口的长期发展趋势。日本人口社会安全调查局 2013 年人口和家庭调查显示，随着婚姻年龄推迟，日本单身人群数量持续增长，占比预计将从 2010 年的

32.4% 提升至 2035 年的 37.2%。依据这一趋势判断，小户型租赁住房的需求将越来越大。为此，很多住房租赁公司都将客群定位为未婚的单身人群，并将产品锁定在 30 平方米以下的小户型上。

第四，机构化运营管理的程度高，这也是日本住房租赁市场区别于其他国家的显著特点。日本国土交通省的《有关民营长租公寓市场环境实态调查》显示，日本 85% 的租赁住房是个人所有，只有 15% 为机构所有。虽然机构类业主占比不高，但机构化运营管理的程度很高，90% 以上的个人业主会选择委托专门的运营管理机构进行管理：其中约 65.2% 的业主将全部业务委托给托管机构进行管理，称为全权委托管理；约有 25.5% 的业主将部分业务委托给托管机构进行管理，称为部分委托管理①。

全权委托管理分为两种形式。一种是从租赁住房的设计咨询到建造，再到之后的物业运营管理全部采用外包形式。例如，大东建托就是日本管理套数最多的托管机构。另一种是业主将已经建好的租赁住房委托给一家运营机构进行管理，并支付委托管理费用。

部分委托管理同样分为两种形式。一种是将招租和收取房租等部分业务委托给托管机构，其他的如日常清扫等均由业主自己负责。另一种是只将招租的业务外包，物业的运营管理由业主自己承担。其中，专门招租只负责募集租客。一般由房地产中介机构接受这类委托业务，签订租赁合同后，受委托方向委托方和租客双方收取费用。

三种制度加大租赁住房供给

日本住房租赁市场层次分明，政府主导的具有保障性质的公营租

---

① 资料来源：曹云珍 . 日本租赁住宅市场的经验与借鉴 [M]// 房地产经纪的当下与未来：中国房地产经纪年会文集，2019.

赁住房、都市再生机构租赁住房、市场主导民营租赁住房、雇主为雇员提供工资公寓等多种方式，共同构成了日本的住房租赁市场。在加大租赁住房供给方面，日本政府逐渐确立了三种制度：公营住宅制度、住宅公团制度和金融扶持制度。

1951 年，日本出台了《公营住宅法》，推动日本公营住宅建设来为低收入群体提供廉租房。基于此法案，中央政府为地方政府提供财政资金以支持其建设、运营公营住宅。

公营住宅根据筹集方式不同，费用分担机制亦有所不同。采用直接建设或收购民间住宅的，土地费由地方政府全额承担，建设费用及周边配套基建费用则由中央政府和地方政府各自承担 50%。地方政府通过发行地方债来筹集所需资金。此外，地方政府还会租用部分民间住宅作为公营住宅出租给低收入群体。此时，房屋配套的基建费用，由中央政府、地方政府、业主三方共同分担；租金与市价间的差距由中央政府和地方政府共同分担后给予补贴。

基于公营住宅的高补贴、高福利特性，要求申请人为低收入群体，并且根据各地情况不同，设置不同的申请条件。

日本住宅公团即现在的都市再生机构，是日本政府于 1955 年全额出资设立的特殊法人，旨在利用公共资金在住宅短缺较为严重的地方，为无法依靠自身力量购房的工薪阶层提供优良的租赁住房。其主要职能包括：租赁住房建设、管理，租赁住房用地开发，租赁住房相关配套基础设施建设。在资金来源方面，都市再生机构的资金主要来自国家财政，以及信托、保险等民间金融机构的贷款。在财政出资比例上，地方政府出资占比 1/4，中央政府出资占比 3/4。

都市再生机构主要针对进入城镇工作的新市民（按照收入水平、家庭结构、年龄等进行认定），选址主要集中在城市地区。2018 年，都市再生机构共有租赁住房 74.7 万套，其中有 57.9% 的租赁住房位于东京都市圈。都市再生机构租赁住房作为政策性租赁住房，其租金略低于市场价格。同时，相较于个人租赁住房，拥有免收中介费、续约费等几方面的优势。

为支持住房租赁行业发展，日本政府提供的金融财税政策主要包括4个方面。

一是为租赁市场主体提供政策性低息贷款。为了解决第二次世界大战后的住房短缺问题，日本政府实施了住房建设五年计划（1966—2005）。首先，日本成立了政府住房贷款公司（GHLC），通过长期、低息、预付定息抵押贷款鼓励住房建设和自有住房。这些抵押贷款条款是通过每年的政府补贴以及来自邮政储蓄、保险和公共养老金（财政投资和贷款计划）的低成本融资实现的。在20世纪70年代之前的高利率背景下，低收入和中等收入的借款人可享受5.5%的利率上限，并在20世纪90年代的低利率期间免费提前还款。1950—2007年，政府住房贷款公司资助了1 940万套住房。其次，政府成立了住宅公团，以解决城市地区严重的住房短缺问题。许多都道府县也成立了公共住房公司。住宅公团和公共住房公司通过使用财政投融资计划（Fiscal Investment and Loan Program，简写为FILP）进行大规模开发，提供准公共（Quasi-public）租赁住房。这项计划为中等收入家庭提供住房，而非仅给予租金折扣。

二是为租赁市场提供丰富的信贷支持产品。在基本住房短缺问题解决后，日本政府住房贷款公司于2007年停止发放抵押贷款，并重组为日本住房金融机构，以担保债券的形式将私人抵押贷款证券化，由日本住房金融机构承担抵押贷款支持证券的信用风险。同时，也积极鼓励私有银行为行业提供信贷支持，比如日本瑞穗实业银行为满足条件的个人和企业取得、购建、修缮出租住宅所需资金提供各类信贷支持。

三是发展住房租赁不动产投资信托基金（J-REIT）。日本是亚洲

REITs 的先行者，2001 年 9 月首个 J-REIT 上市发行。目前，日本上市的 J-REIT 已达 58 家，是全球规模仅次于美国的 REITs 市场。日本还是全世界唯一一个由央行购买 REITs 的国家。J-REIT 成功发展的关键在于相关法律的完善和信息的高度透明化。按照日本相关法律，若 J-REIT 每一年利润的 90% 以上分配给投资者，则 J-REIT 的法人税可以豁免；对于同样的租金收入，J-REIT 的分红高于房地产公司。J-REIT 还要求定期公布持有物业的购买价格、收益率、空房率等。

四是税收优惠和补贴。日本的税收制度明显利好住房租赁市场发展。首先体现在对租赁住房的房地产税评估优惠上。对于业主自用物业，税收评估通常为土地价值的 70% 和建筑价值的 60%。而对于租赁物业，通过扣除土地价值的 70% 和建筑价值的 30%，进一步减少房地产税评估。其次，住宅物业（业主自用和租赁）具有额外的税收优势。住宅用地的评估价值减少了 2/3 的财产税和 1/3 的城市规划税。此外，对于 200 平方米以下的小型住宅用地的评估减免额也有所提高（物业税减免 5/6，城市规划税减免 2/3）。以上减免对于很多租赁住房均适用。最后，继承税制度也以类似的方式通过低税评估、租赁权扣减、租户权利扣减和小型住宅用地处理，对租赁住房给予优惠。

日本住房租赁市场发展的三个阶段

日本住房租赁市场的发展历程主要可分为以下三个阶段。

阶段一：城镇化快速发展催生旺盛的租住需求

1945—1975 年，伴随着工业化的快速推进，日本土地需求激增，带动工业用地价格大涨。1965 年以后，日本进行产业结构调整，以金融服务业、批发贸易业为代表的第三产业逐步兴起。服务业能提供更多更好的就业，吸引人口进一步流向大都市圈，叠加城镇化进程的快速推进、第二次世界大战后"婴儿潮"进入置业高峰，导致住宅和商业用地供不应求。在工业化和城镇化的双重推动下，土地价格不断飙升。尤其是东京，在总人口负增长、其他两个都市圈人口净流出的情况下，仍保持人口净流入状态。高房价使得广大年轻人选择租赁住房，租赁家庭最高时占比至40%，市场进入供不应求的状态。为了解决这一问题，日本住宅公团提供了大量的租赁住房。

为了促进租赁住房的发展，1986年，政府完全废止了《地代家赁统制令》，该法令是1938年政府为了防止租金上涨而设定的，主要规定了地租和房租不能超过政府的设定金额。该法令的废止使得民营租赁住房的市场供应剧增，1987年供给量为85.87万套，达到历史最高峰值，占当时住宅新增量的51.3%。

阶段二："全权委托管理"的租赁模式出现

20世纪80年代末至90年代初，日本制造业大批转移至海外，厂房仓库需求降低，很多主营业务为建造和出租工业厂房的地产企业开始谋求转型。同时，个人业主由于购买房屋时背负了大量贷款，对房租收入稳定性的需求越发强烈。因此，市场出现了一批"包租运营模式"的民营住房租赁机构，如大东建托。大东建托在1980年创设了"大东互助会"，业主与大东建托签订资产管理合约、缴纳4%的会费后，将房屋委托大东建托获取租金收入，即使在房屋空置期间仍能收取90%的房租，极大地满足了个人业主对于租金收入稳定性的要求。

此外，尽管日本城镇化率趋向稳定，但人口在城市之间的结构性流动仍在持续进行，不同城市之间人口的流动规模还在持续扩大，由此带动了旺盛的租赁需求。随着日本20世纪90年代房地产泡沫破裂，房地产市场价格全面崩溃，房价持续下跌，人们购房意愿普遍不足。在政策端，如果在持有土地上建造租赁住宅，根据房屋占地面积及户型面积大小，政府会对固定资产税进行一定的减免。这一支持政策使土地拥有者更加倾向于建设租赁住房。此外，日本继承税针对租赁住宅也有一定的减免，继承税评估额可减免18%~24%。固定资产税和继承税的双重减免，加上租赁需求旺盛，客观上推动了土地所有者将土地用于租赁住宅的建设。在这种背景下，很多房地产公司的新房销售业务逐步收缩，而租赁业务以及与租赁相关的建造业务规模不断扩大。以日本Leopalace21公司为例，1993年，该公司首创租金保障制度。具体而言，Leopalace21为土地所有者建造房屋后，双方可签订长达30年的租赁管理合约，在规定年限之内，无论房屋出租与否，Leopalace21都向房屋所有者支付一定的保障租金，并提供房屋的管理和运营服务。保障租金一定期限内保持固定，但在一定年限后可根据市场情况进行重置。2010年之前，Leopalace21设置重置年限为10年，2010年后改为两年。该举措的推出，确立了该公司"以租引建，建造与租赁协同发展"的商业模式。

阶段三：住房租赁市场走向精细化运营管理时代

　　房地产泡沫对日本国民的影响无疑是巨大的。为了刺激房地产发展，政府推行了一揽子的方案，其中包括不动产证券化。2001年，日本不动产信托投资基金正式发行，企业可以通过J-REIT盘活不动产，增强其流动性。J-REIT的出现对于日本住房租赁市场的发展起到了一定程度的推动作用。一方面，J-REIT帮助住房租赁企业实现了"投、融、建、管、退"的商业闭环；另一方面，由于J-REIT要求企业具备持续稳定增长的收益率，迫使企业开始重视精细化运营，以实现收入的提高和成本的降低。

　　2008年以后，次贷危机波及日本，市场出现了大量不良资产。

为了处置不良资产，住房租赁行业开始寻求盘活不动产的有效途径。市场逐步认识到，"资产管理"对于持有运营类物业实现持续稳健回报目标的重要性，这也倒逼更多住房租赁机构转变发展战略，放缓规模扩张，将重点聚焦在精细化发展租赁业务上。以 Leopalace21 公司为例，在房源供给上，该公司启动"聚焦核心市场"的精细化发展战略，在房源区位选择上一改以往全国分散布局模式，仅将开发重心聚焦在房屋自有率低、人口正向流入、经济发展迅速、租赁需求量大的核心城市地区，即以东京为中心的关东地区、以名古屋为中心的中部地区和以大阪为中心的近畿地区，重点在这些地区获取并推出房源，以实现有质量的规模增长。在产品定位方面，该公司开始研发"小面积、高坪效"的户型产品。在招租方面，Leopalace21 将长租（通常为 1 年期以上）与短租（通常为月租）租户进行合理配置，强化企业租户的占比，并进行线上线下的全渠道营销。这些举措使得该公司出租率在次贷危机后呈现逐年回升趋势。此外，在运营管控方面，强大的 IT 运营系统助力公司实现人力成本和营销费用的节约，运营管控效率也得以提高。[①]

全球住房租赁市场发展经验对我国的启示

美国、德国、英国、日本在发展住房租赁市场、解决居住问题上采取了多种多样的政策和措施，促进了本国住房租赁市场的健康发展。在前文中，我们拆解了 4 个国家的住房租赁市场结构，厘清了影响行业发展的财政补贴和法律制度，分析其在租赁住房供应方面面临的挑战。尽管 4 个国家的平均家庭收入水平（租赁住房需求的一个关

---

① 资料来源：广发证券，从 Leopalace21 看日本包租模式的公寓企业运营 [R/OL].（2017-08-15）[2022-10-13].https://www.sohu.com/a/164898146_731993.

键决定因素）大致持平，金融体系相当（资本市场对住房租赁的发展至关重要），但4个国家在住房租赁市场的其他经济环境、法律和政策等方面体现出很大的不同，导致住房租赁市场呈现出不同特征。研习其发展经验，有助于总结出可供我国住房租赁市场发展建设的经验和教训。

首先，税收优惠范围增加、力度增强，可以提高租住人口比例，对于推动租住生活方式的形成具有积极意义。以德国为例，德国不鼓励人们拥有自有住房，为住房拥有者提供的税收优惠政策很少，只有在业主不占用房产的情况下，房产所有者才能从所得税中扣减抵押贷款的利息。因此，公共政策，特别是税收政策，对于调节租住人口比例，形成租住生活方式具有较强的推动作用。

其次，适当的租户保护政策有利于调动多元化租赁住房供应主体的积极性，但过度的租户保护则会抑制市场化机构（如大型资产管理公司、房地产投资信托基金和私募股权基金等）对行业的投资信心。为了提供更稳定的环境，4个国家都在中央或地方法律层面规定了房东与承租人关系的关键条款，包括终止或续签租约的过程和驱逐程序。在德国和日本，多年或开放式租赁（无预设终止日期）期限很常见，美国和英国主要为一年期租赁期限。过度的租户保护政策，会增加投资租赁住房的风险，降低机构投资者的信心，进而导致租赁房源的有效供应不足。日本都市再生机构、英国住房协会是两国住房租赁市场举足轻重的供给方；德国住房租赁市场是个人业主为主，约占供给总量的一半；美国只有不到5%的租赁住房属于地方公共部门，机构投资者在美国最常见。为了鼓励机构投资者进入市场，英国、德国和日本都在积极尝试放松被视为抑制私人租赁市场的保护租户法规。

最后，持续、稳定且连贯的政策对于增强多元化市场主体的信心十分重要。近20年来，英国住房租赁政策一直在鼓励市场化机构类投资者与保护租户之间徘徊，造成了市场化机构类投资者对于行业的信心不足。对于公共机构（如政府）和其他非营利组织（如行业协会）来说，政府提供某种形式的租金补贴，是保证这些公共机构可持续投资住房租赁行业的关键。

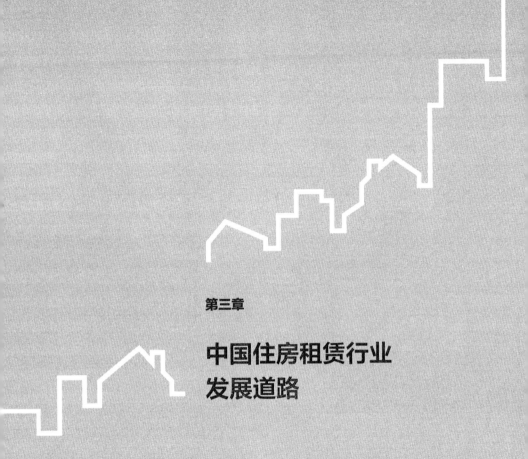

第三章

中国住房租赁行业
发展道路

中国住房租赁行业发展是一个循序渐进的过程，从廉租房、公租房到长租房、保障性租赁住房，中国住房租赁市场始终是租赁住房需求与当下中国社会经济发展现实相结合的产物。我们看到，中国住房租赁行业发展历程都是从实际问题出发，对照问题，解决问题，在大量政策扶持的基础上，形成了具有中国特色的住房租赁行业设计、实现路径及行动方案。

我国住房租赁行业发展的三个阶段及所面临的问题

从 1995 年廉租房起步至今，我国住房租赁行业经历了从萌芽到快速发展的近 30 年历程。我们从政策聚焦的角度观察，来分析住房租赁行业发展的不同阶段。同时，随着行业发展渐入"深水区"，不少深层次矛盾开始显现，我们重点探讨行业发展须解决的四大问题。

行业发展的三个阶段

从政策的聚焦侧重点来看，我国住房租赁行业发展可以分为三个阶段。

起步期（1995—2014）：廉租房与公租房的发展

由于受住房分配制度、人口流动性低、经济发展水平有限等因素影响，早期我国住房租赁市场发展缓慢，城市居民以租赁公房为主。直至 1995 年，原建设部印发《城市房屋租赁管理办法》，我国住房租赁市场相关政策才正式出台。

我国住房租赁市场逐步发展，但整体发展水平仍十分有限。1998年 7 月，国务院印发《关于进一步深化城镇住房制度改革加快住房建设的通知》（国发〔1998〕23 号），提出"最低收入家庭租赁由政府或单位提供廉租住房"（廉租房）。2007 年 8 月，国务院印发《关于解决城市低收入家庭住房困难的若干意见》（国发〔2007〕24 号），提出"进一步建立健全城市廉租住房制度""逐步扩大廉租住房制度的保障范围""多渠道增加廉租住房房源"。这一阶段，租赁住房以政策性的廉租房和公租房为主，关注解决低收入家庭的住房问题。

2010 年 2 月，住房和城乡建设部等 7 部门发布《关于加快发展公共租赁住房的指导意见》（建保〔2010〕87 号），提出"大力发展公共租赁住房"（公租房）、"完善住房供应体系"、"培育住房租赁市场"。2013 年年底，住房和城乡建设部等部门发布《关于公共租赁住房和廉租住房并轨运行的通知》（建保〔2013〕178 号），提出"从2014 年起，各地公共租赁住房和廉租住房并轨运行，并轨后统称为公共租赁住房"。

这一时期的政策民生保障属性明显，明确提出了鼓励社会资金参与公租房的建设和运营。"十三五"期间，我国住房保障体系取得巨大成就，实现了低保、低收入住房困难家庭应保尽保，公租房的分配也逐步放宽准入条件，将新就业无房职工和在城镇稳定就业的外来务工人员纳入其中。

初步发展期（2015—2018）：机构化租赁住房的发展

从 2015 年开始，随着我国城镇化进程的不断推进，全国流动人口规模超过 2.5 亿，高校毕业生规模屡创新高，城市住房租赁需求呈现快速增长的态势。与此同时，持续上涨的房价让购房门槛不断提高，越来越多的城镇居民通过租赁住房来解决居住需求。在这一背景下，住房租赁市场开始受到国家重视，相关政策频出，"购租并举"的住房制度初步确立，我国住房租赁市场进入快速发展阶段。

2015 年年底，中央经济工作会议首次提及发展住房租赁市场，并强调将"购租并举"确立为我国住房制度改革的主要方向。此后，政策端推进住房租赁市场发展的步伐明显加快。2016 年 6 月，《关于加快培育和发展住房租赁市场的若干意见》（国办发〔2016〕39 号）提出"以建立购租并举的住房制度为主要方向，健全以市场配置为主、政府提供基本保障的住房租赁体系"；同年 12 月，中央经济工作会议重点强调加快住房租赁市场立法。

2017 年 10 月，党的十九大报告提出建立"租购并举"的住房制度，把"租"摆在了前面，进一步明确了重点培育住房租赁市场、让住房回归"居住属性"的政策导向，提出"加快建立多主体供给、多渠道保障、租购并举的住房制度"，让全体人民住有所居。

2019 年年底，中央经济工作会议 5 年内第四次将发展租赁住房确定为工作重点，凸显了住房租赁市场在我国住房体系中的重要地位。至此，我国房地产市场正式进入结构性调整时期，住房租赁市场迎来广阔的发展前景。

在中央顶层设计的指导下，各部委密集在重点城市开展住房租赁市场发展试点工作。2017 年 8 月，原国土资源部、住房和城乡建设部先后分两批在北京、上海、沈阳、南京、杭州、合肥、福州、青岛等 18 个城市开展试点，积极探索利用集体建设用地建设租赁住房。2019 年 7 月，财政部、住房和城乡建设部先后分两批在北京、上海、广州、深圳、重庆、成都等 24 个重点城市进行试点，由中央财政提供资金，支持上述城市在住房租赁市场发展方面先行先试。

快速发展期（2019 年至今）：保障性租赁住房与长租房并行发展

随着我国住房租赁市场的不断发展，市场结构性问题也逐渐显现。大量新市民、青年人涌向大城市，面临着"买不起房、租不好房"的问题，主要表现在：一是位置好、户型面积小、租金总价低的租赁住房产品供给占比小，供需错配问题严重；二是机构化统一运营的租赁期限较长且稳定的房源占比小，租赁关系不稳定。因此，政府需要充分引导市场，为促进解决新市民、青年人等群体的住房困难提供更多支持和帮助。

在此背景下，为进一步落实民生兜底保障，2019 年，经国务院批准，住房和城乡建设部在沈阳、南京、苏州、杭州、合肥、福州、济南、青岛、郑州、长沙、广州、深圳、重庆 13 个城市开展试点，重点发展面向新市民的小户型、低租金保障性租赁住房（原政策性租赁住房）。2020 年 10 月，党的十九届五中全会通过《中共中央关于制定国民经济和社会发展第十四个五年规划和二〇三五年远景目标的建议》，指出"扩大保障性租赁住房供给"，首次明确提出"保障性租赁住房"的概念。

通过试点城市积极探索，政府给政策、银行给支持、多主体参与的可持续商业运作模式，已经形成了一批发展保障性租赁住房的可复制、可推广的经验。从试点情况看，加快发展保障性租赁住房，促进解决新市民、青年人等群体的住房困难是切实可行的。[①]

2020 年 12 月，中央经济工作会议将"解决好大城市住房突出问

---

① 资料来源：倪虹 . 以发展保障性租赁住房为突破口 破解大城市住房突出问题 [J].行政管理改革，2021（9）。

题"确定为 2021 年经济工作的重点任务之一，并首次提出"要高度重视保障性租赁住房建设"。此后，全国住房和城乡工作会议、《2021年政府工作报告》《中华人民共和国国民经济和社会发展第十四个五年规划和 2035 年远景目标纲要》等都重点提出聚焦解决城市新市民、青年人等住房困难，并且分别提出要"规范发展长租房市场"和"完善长租房政策"。2021 年 12 月，中央经济工作会议提出"坚持租购并举，加快发展长租房市场，推进保障性住房建设，支持商品房市场更好满足购房者的合理住房需求，因城施策促进房地产业良性循环和健康发展"。至此，从顶层设计层面，明确了我国房地产市场是以市场化商品房、保障性住房和长租房为支撑的三足鼎立的立体化结构。

大力发展住房租赁市场，重要抓手是发展机构类的租赁住房。按照国际经验，机构类租赁住房可以是"政策性"租赁住房，也可以是"市场化"租赁住房，两者之间有明确区分，承担不同的功能。

在我国，保障性租赁住房和长租房都是市场化机构参与建设、改造及运营的租赁住房。保障性租赁住房具有"政策性"属性，通过明确服务的人群、规定户型面积、限制租金定价水平和涨幅水平，发挥出"民生兜底"的作用。长租房则属于完全"市场化"租赁住房，根据市场调节供需的原则，承担着满足改善型和更高品质租住需求的功能。保障性租赁住房在大力发展住房租赁市场中成为"压舱石"，对租金水平也会起到"稳定器"的作用；而长租房则会并行发展，起到满足多元化市场需求的作用，让住房回归到其本身应有的居住属性。

四大问题亟待破解

随着住房租赁行业不断发展，不少深层次问题开始日益显现。在供给端，住房租赁市场机构化与规模化程度低，且金融化仍然处于起步阶段。在需求端，由于有效供给不足，产生供需错配问题，市场尚未形成稳定持续的租住需求。

供需错配

根据国际经验，"双 30 法则"在各国租赁住房市场普遍存在，从侧面反映了城市租住幸福度。所谓"双 30 法则"，是指 90% 的租户月租金控制在月收入的 30% 之内，同时，租户理想通勤时间在 30 分钟之内。"双 30 法则"说明租赁住房供给需要在租金、户型面积上做到控制月租金总价，在位置上满足职住平衡的要求。

首先，在控制月租金总价方面，超大型城市和部分特大型城市的月租金水平仍处于高位。ICCRA 长期监测全国 10 个重点城市集中式租赁住房项目的运营情况。2021 年，租赁住房产品平均套均面积为30.2 平方米，平均月租金为 2 991 元，如表 3-1 所示。

表 3-1　全国 10 个重点城市租赁住房套均面积和月租金情况（2021）

城市	套均面积（平方米）	月租金（元）
北京	29.3	4 814
上海	29.3	5 075
深圳	28.6	3 304
广州	28.0	2 752
杭州	33.3	3 149
南京	29.5	2 594
成都	26.4	1 979
重庆	40.2	2 329
武汉	26.2	1 953
西安	31.4	1 966
平均	30.2	2 991

2021 年 10 个重点城市平均租金收入比为 31.7%，特别是北京、上海两个城市的租金收入比远高于"双 30 法则"的要求，如图 3-1 所示。

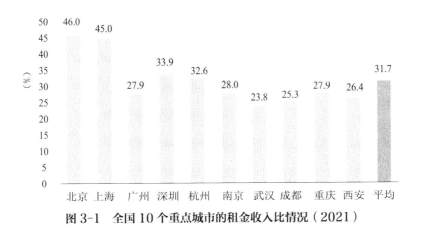

图 3-1　全国 10 个重点城市的租金收入比情况（2021）

其次，在满足职住平衡的区位要求方面，超大型城市和部分特大型城市也存在供需错配的问题。以北京进城务工人员为例，其工作聚集地主要分布在四环以内的商务区，以及四环以外的产业园区。两个区域汇聚的行业有明显区分，如国贸 CBD（中央商务区）区域务工人员多就职于餐饮及家政行业，亦庄开发区、顺义空港区的务工人员多就职于制造业工厂或物流行业。在这些区域周边、公共交通通达性较高区域，宿舍型公寓需求十分旺盛。然而，从 ICCRA 2021 年的统计来看，在西北部高校聚集区、中关村产业园等进城务工人员就业热点区域内，目前尚无宿舍型公寓，如图 3-2 所示，进城务工人员处于明显职住失衡的困境。

租金回报率偏低

租金回报率或租售比（年房租 / 房价）普遍不高，低于正常的投

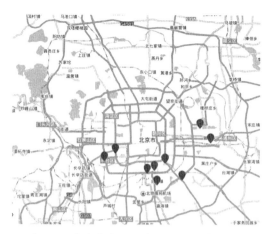

图 3-2   北京宿舍型公寓分布情况（2021）

资收益率水平（一般需要 4% 左右），即使与短期国债收益率相比，也不具备比较优势，这是我国住房租赁行业普遍存在的问题。对于住房租赁企业来说，前期投入（如集团性成本、管理系统开发、持续拓展资金等）沉淀资金数额巨大，然而，其对应的市场客源多以支付能力有限的年轻人、新就业职工和新市民为主，租金水平有明显的天花板效应，且租户对于租金水平的敏感度较高，提高租金可能抑制租赁需求。因此，租金收入无法覆盖住房租赁企业的前期投入，对于还需覆盖物业租赁或开发 / 收购的中资产、重资产模式的住房租赁企业来说更是捉襟见肘。

随着住房租赁市场的兴起，成熟区域的存量物业价格不断攀升，通过租赁改造存量物业的中资产模式利润空间不断被挤压，商业模式可行性受各方质疑，能匹配市场需求的存量物业获取难度越来越大。持有型重资产模式的问题更为直接，延续商品房销售逻辑下的土地成本相对偏高，而收益率普遍不高。

总之，住房租赁收益率偏低导致无论是通过新建还是改建、收购的方式经营租赁住房，都难以实现长期可持续的投资回报，这从根本上制约了租赁住房的有效供给。

缺乏长期、低成本、大额资金

住房租赁行业具有前期资金需求大、盈利周期长、资金周转慢等特征，而整个行业融资渠道窄、融资成本高、融资难，这是影响住房租赁市场健康、稳定发展的最重要原因之一。

目前，我国尚未大规模推进公募REITs，仅在保障性租赁住房领域进行试点。在这一背景下，持有型重资产模式的住房租赁企业在建设期普遍依靠银行贷款、专项债券等债权融资，资金使用期限固定且成本高，对住房租赁企业的主体信用也有较高要求。

中资产模式和轻资产模式的住房租赁企业，由于没有产权抵押，通常无法从传统金融机构获得资金支持，适用的融资方式主要包括来自风险资本和私募基金等的股权融资，以及租金分期（租金贷）、应收租金保理和资产证券化（ABS、类REITs）等以租客信用或租金收益为基础的现金流融资。但前者经常导致投资方干扰企业经营的问题；后者融资规模普遍小，无法满足企业发展和扩张需求，还容易产生资金期限错配的风险。

根据ICCRA对住房租赁企业的调研，新建租赁住房的投资回收期一般在25年以上，承租改造类租赁住房的投资回收期一般在5~8年，需要长期、低成本、大额的资金支持，但目前行业符合住房租赁经营特点的长期融资渠道匮乏。

可以预见的是，随着政策不断加大扶持，行业监管趋严，租赁需求旺盛，机构化、规模化、金融化将成为住房租赁市场发展的必然趋势。住房租赁企业急需拓宽融资渠道，吸引社会资本进入住房租赁市场，使住房租赁投资建设资金可合理退出，并扩大再生产，建设新的租赁住房。从国际经验看，住房租赁企业所需资金的特征是长期、低成本，我们认为，从根本上解决这一问题必须发展租赁住房公募REITs。

租房观念不强

发展住房租赁市场需要培养长期稳定的住房租赁需求，不断提高住房租赁消费能力。但我国长期以来，人们普遍将租房作为不得已的阶段性、过渡性需求，愿意长期通过租赁解决居住问题的人不多。据安居客发布的《2020 中国住房租赁市场总结》，有 75.7% 的租房人群近 5 年内有购房计划，另有 8.4% 的人群已在 2020 年内购房。

影响租房人群长期租住意愿的因素主要有 4 个。一是传统住房观念。住房不仅具备居住功能，还承载了情感上的归属感。"有自己的房子才有家的感觉"是百姓普遍的观点，甚至愿意为此背负高额且长期的房贷。二是租赁关系不稳定。目前，我国租赁住房机构化程度低，绝大部分房源来源于个人房东。一方面，租赁双方对未来租金涨落难以预期，都不愿签订长期租赁合同；另一方面，房屋缺乏统一且专业化的运营管理，租住品质无法保证，既影响租赁关系的稳定，也无法提高承租人的黏性。三是公共服务资源不足以支撑租购住房在享受公共服务上具有同等权利。由于公共服务资源总体供给不足且发展不均衡，租房家庭在子女上学等公共服务方面不能与购房家庭享受同等权利，承租人在落户方面也存在障碍。四是对房屋本身有保值升值预期。房价上涨，会使购房人拥有的财富增加，而承租人不但无法获得资产增值，反而付出租金成本。

政策对住房租赁行业的扶持与驱动

住房租赁市场的建设和发展与政府的扶持和推动密不可分。利好政策的密集出台通常始于行业的初步发展期，为机构化住房租赁市场的发展奠定基础。具体而言，行业政策主要集中在 4 个方面：供给端、资金端、监管端、需求端。

在供给端，政策一方面从新建和存量改造两个渠道出发，扩大租赁住房供给。对于新建类租赁住房，侧重点在土地政策——根据住房租赁行业特点，因地制宜制定土地政策；对于存量改造类的租赁住房，侧重点在如何规范非居住用途的存量物业进行租赁住房改造。另一方面，政策鼓励多主体、多元化的住房租赁企业参与市场建设，提出发挥国有住房租赁企业对市场的引领、规范、激活和调控作用，支持专业化、机构化住房租赁企业发展。

在资金端，金融财税政策对行业的扶持、引导、带动作用显著。一是通过财政补贴给予住房租赁行业"真金白银"的扶持；二是在运营阶段，通过税收减免政策为行业减负；三是从法律法规层面鼓励住房租赁行业的金融工具创新，鼓励金融机构进入并服务于住房租赁市场，拓宽住房租赁企业的融资渠道。

在监管端，从住房租赁企业、中介机构、行业平台系统、监管制度建设4个维度，政府制定和出台了一系列全方位、系统化的规范监管政策，力求实现规范市场运行，维护租户权益，促进行业平稳、健康、可持续发展的目标。

在需求端，政策主要集中在扩大市场需求和推进租赁赋权两个层面。在扩大市场需求层面，在行业起步期，政策主要体现在对廉租房和公租房承租人的认定和权益保障方面；在行业初步发展期，政策主要体现在对人才公寓承租人的认定和权益保障方面；在行业快速发展期，政策主要针对保障性租赁住房覆盖的人群。在租赁赋权层面，政策则强调增加租客对公共服务享受的权益，逐步缩小承租人与购房人在公共服务享受上的权益性鸿沟。

土地政策：源头保障

纵观我国住房租赁市场发展进程可以发现，国家的土地政策支持贯穿了全过程、各方面。具体而言，政策主要从土地供应、土地成本、土地审批三个方面切入，逐步加大对于住房租赁市场的支持。

土地供应

近年来，土地供应一直是我国住房租赁市场发展的关键要素之一。土地供应环节不解决，租赁住房市场则成了无源之水、无本之木，很难在短期内迅速发展起来。通过梳理相关政策我们发现，土地供应支持政策主要落脚于土地供应总量、供应方式、供应类型三个方面。

租赁住房用地的供应力度不断加大。早在 2007 年，《廉租住房保障办法》即提出"廉租住房建设用地，应当在土地供应计划中优先安排，并在申报年度用地指标时单独列出"。随后，2010 年出台的《关于加快发展公共租赁住房的指导意见》（建保〔2010〕87 号）也明确"各地要把公共租赁住房建设用地纳入年度土地供应计划，予以重点保障"。

2016 年以来，在"购租并举"的住房制度大方向下，《关于加快培育和发展住房租赁市场的若干意见》（国办发〔2016〕39 号）中明确要求各地"合理确定租赁住房建设规模，并在年度住房建设计划和住房用地供应计划中予以安排"。

为了进一步保障租赁住房房源供给量，《关于加快发展保障性租赁住房的意见》（国办发〔2021〕22 号）提出"人口净流入的大城市和省级人民政府确定的城市，应按照职住平衡原则，提高住宅用地中保障性租赁住房用地供应比例，在编制年度住宅用地供应计划时，单列租赁住房用地计划、优先安排、应保尽保"。在近几年政策的大力推动之下，各地新增租赁住房用地面积的工作颇显成效。例如，上海在"十三五"期间已完成 152 幅集中选址租赁住房地块的出让，合计建筑面积约 1 000 万平方米；又如杭州，截至 2020 年年底，已于市区范围内确定 6 宗集体建设用地试点建设租赁住房，56 宗人才租赁专项用地（2 433 亩[①]），132 宗涉宅地块竞自持租赁用房（221 万平方米）。同时，各地发布的"十四五"住房发展规划也纷纷明确将增加住宅用地供应，提高租赁住房用地供应占比，进一步助力租赁住房建设的土地供给。

租赁住房用地的供应方式不断增多。起初，用于建设廉租住房的建设用地仅可通过划拨方式取得。至 2010 年，根据《关于加快发展公共租赁住房的指导意见》（建保〔2010〕87 号），租赁住房建设用地已可通过市场化途径取得：除了"面向经济适用住房对象供应的公共租赁住房，建设用地实行划拨供应"之外，"其他方式投资的公共租赁住房，建设用地还可以采用出让、租赁或作价入股等方式有偿使用"。

2016 年《关于进一步做好新型城镇化建设土地服务保障工作的通知》（国土资规〔2016〕4 号）"鼓励以各类住房配建、现有非住宅用地通过改变用途等方式，支持发展住房租赁市场"。

此后，为了鼓励房地产企业大力发展租赁住房建设，实践中又在土地供应市场化的基础上进一步发展出了竞配建、竞自持等土地竞拍的新型途径。

2020 年，"十四五"规划明确提出通过单列租赁住房用地计划，探索利用集体建设用地和企事业单位自有闲置土地建设租赁住房，支持将非住宅房屋改建为保障性租赁住房。

租赁住房用地的供应类型逐渐多元化。2016 年，北京在国有建设用地的出让实践中首次实行了竞自持规则。房地产开发企业若通过"竞自持"途径取得地块，则必须在一定比例的地块上建设租赁住房。在京沪两地数年试点经验的基础之上，2017 年，原国土资源部、住房城乡建设部印发《利用集体建设用地建设租赁住房试点

[①]　1 亩 ≈ 666.67 平方米。

方案》（国土资发〔2017〕100号），明确扩大试点范围，在全国13个城市推行集体建设用地建设租赁住房的做法，进一步拓宽了租赁住房建设用地的供给渠道。同年，上海首块R4专项用地①完成出让。上述两类专为建设租赁住房而产生的用地类型无疑也成为租赁住房建设用地的重要供给保障。

2021年，《关于加快发展保障性租赁住房的意见》（国办发〔2021〕22号）中进一步明确了保障性租赁住房的5种建设及筹集渠道，即利用集体经营性建设用地、企事业单位自有闲置土地、企事业单位非居住存量房屋（如商业办公、旅馆、厂房、仓储、科研教育等）改建、产业园区中不超过15%用地面积配建、增加新建及配建的专项居住用地。

土地成本

为了大力推进租赁住房建设，降低租赁住房项目的拿地成本也是政策的一个着力点。《关于加快发展保障性租赁住房的意见》（国办发〔2021〕22号）中明确规定，利用企事业单位自有土地建设保障性租赁住房，需要变更土地用途，但无须补缴土地价款；利用闲置和低效利用的商业办公、旅馆、厂房、仓储、科研教育等非居住存量房屋改建保障性租赁住房，则无须变更土地使用性质，也无须补缴土地价款。在该规定的支持下，通过相应途径开发、运营保障性租赁住房的拿地成本在一定程度上有所降低。

---

① R4专项用地，一般是指依据上海市规划和国土资源管理局印发的《关于加快培育和发展本市住房租赁市场的规划土地管理细则（试行）》（沪规土资规〔2017〕3号）中所提及的"四类住宅组团用地（Rr4）"，具体包括供职工或学生居住的宿舍或单身公寓、人才公寓、公共租赁房、全持有的市场化租赁住房等住宅组团用地。R4用地属于行业内约定俗成的说法，如无特殊指明，本书中涉及的R4用地均为四类住宅组团用地（Rr4），在第四章中，我们有进一步探讨。

实践中，相较于闲置存量物业，新建类型的租赁住房用地往往需要花费更高的拿地成本。但随着租赁住房用地的供应类型逐渐多元化，拿地成本过高的问题也得到了一定程度的缓解。比如，《利用集体建设用地建设租赁住房试点方案》（国土资发〔2017〕100号）中赋予了村镇集体经济组织通过"联营、入股"方式建设运营集体租赁住房的权利，无须经过先将集体土地变更为国有建设用地土地的出让手续。在该种运营模式之下，房地产开发企业无须支付高昂的土地出让金，仅需投入农民的安置补偿成本和建设开发成本，企业经济负担重的问题可以得到有效缓解。再如，租赁住房专项用地（R4专项用地）本质上也是政府"让渡地价"的供地形式，土地出让价格远低于同等区位的住宅或者商业用地的出让价格，可以有效降低房地产开发企业获取土地的成本。

土地审批

除了土地供应、土地成本方面，土地审批政策的完善也不容忽视。住房和城乡建设部等9部门联合发布的《关于在人口净流入的大中城市加快发展住房租赁市场的通知》（建房〔2017〕153号）即明确要求提高审批效率。该文件还提出，"梳理新建、改建租赁住房项目立项、规划、建设、竣工验收、运营管理等规范性程序，建立快速审批通道，探索实施并联审批"。同时，《关于加快发展保障性租赁住房的意见》（国办发〔2021〕22号）中提出"各地要精简保障性租赁住房项目审批事项和环节，构建快速审批流程，提高项目审批效率"。例如，"探索将工程建设许可和施工许可合并为一个阶段"；又如，"实行相关各方联合验收"；再如，"不涉及土地权属变化的项目，可用已有用地手续等材料作为土地证明文件，不再办理用地手续"等。为响应中央的号召，各地也纷纷在实践中推进了该方面的工作，如长沙建立完善了保障性租赁住房项目的联审机制，统筹协调相关部门的工作，缩短审批时间，也为申请主体提供了更大便利。

金融财税政策：资金支持

金融财税政策的支持是大力发展住房租赁市场的重要推动力。总体来看，金融财税方面的支持措施主要集中于财政补贴、税收优惠及融资支持等。

财政补贴

近年来，针对住房租赁市场发展的财政补助力度持续加大。2019年，财政部、住房和城乡建设部组织开展了当年中央财政支持住房租赁市场发展试点竞争性评审工作，最终，北京、上海、广州、深圳等16个城市成功入选。2020年，天津、石家庄、太原、沈阳、宁波、青岛、南宁、西安8个城市成为第二批试点城市。中央财政将按照城市规模进行分级，在试点示范期的3年内对上述城市给予不同力度的奖补资金支持。具体而言，各级城市的资助力度为：直辖市每年10亿元，省会城市和计划单列市每年8亿元，地级城市每年6亿元。专项资金补贴仅限于2019—2021年新建、改建、运营的住房租赁项目，补贴资金可以结转结余。

就各地利用奖补资金的相关文件来看，该项资金主要用于支持住房租赁领域相关企业发展等方面，通过直接补助不仅可以提升企业的盈利水平，也可以给市场一个政策面长期向好的预期。同时，通过在补助条件上设置一系列标准引导企业的经营行为，有助于建立长效化的住房租赁市场运作机制。为了将相关资金作用落到实处，各地也纷纷明确了项目申报、奖补资金发放等流程。

此外，财政补贴在需求端也给予了大力支持。为了契合住房租赁市场发展阶段的特点，也更灵活地应对实际需求，中央与地方规定，租赁住房财政补贴既可通过实物保障的形式落实，也可通过租赁补贴的形式发放。实物保障指的是，特定人群可向政府提出申请，经审查，若满足条件，则政府可为其分配公租房或允许其免租金居住。租赁补贴则指，政府结合市场租金水平和保障对象实际情况，合理发放补贴资金。2018年，部分城市开始以租房补贴、减免租金等形式对符合条件的人才提供租金补贴，并且增加人才租赁住房供给，以优惠的价格租给人才，以吸引人才。为了更高效、精准地发挥财政补贴的效用，多地还专门针对特定人群出台了相关政策。例如，常州发布《关于继续开展环卫系统外来务工人员公租房保障工作的通知》等文件，大力保障环卫工人群体的住房租赁需求；又如，深圳以《深圳市人才安居办法》作为依据，细化了针对全市人才进行租赁住房补贴的实施方法；再如，南京出台《南京市高校毕业生住房租赁补贴操作办法（修订）》，既精准回应了高校毕业生职业发展初期的基本生活需求，又有助于引入人才加强经济建设，形成当地发展的良性循环。

税收优惠

除了财政补贴之外，中央与地方从不同税种入手，为相关主体提供了诸多税收优惠，助力建设住房租赁市场并推动其持续发展。

早在2000年国家提出建设住房租赁市场起，财政部、国家税务总局就出台了《关于调整住房租赁市场税收政策的通知》（财税〔2000〕125号）文件，规定"个人出租房屋取得的所得暂减按10%的税率征收个人所得税"。此后，随着住房租赁市场的继续建设与完善，相关税收政策不断更新换代。目前，现行的税收政策文件中，《关于加快培育和发展住房租赁市场的若干意见》（国办发〔2016〕39号）提出"对个人出租住房所得，减半征收个人所得税"。2019年1月正式实施的《关于印发个人所得税专项附加扣除暂行办法》（国发〔2018〕41号）中也允许住房租金抵扣个人所得税，并明确了扣除主体的相关问题。

继2012年实行"营改增"税收改革之后，住房租赁领域也及时跟进了增值税方面的税收优惠政策。《关于加快培育和发展住房租赁市场的若干意见》（国办发〔2016〕39号）明确指出"对个人出租住房的，由按照5%的征收率减按1.5%计算缴纳增值税；对个人出租住房月收入不超过3万元的，2017年年底之前可按规定享受免征增值税政策；对房地产中介机构提供住房租赁经纪代理服务，适用6%的增值税税率；对一般纳税人出租在实施营改增试点前取得的不动产，允许选择适用简易计税办法，按照5%的征收率计算缴纳增值税"。

自国家开始培育和支持专业化住房租赁企业起，相关税收优惠政策也迅速跟进。2021年7月15日发布的《关于完善住房租赁有关税收政策的公告》（财政部、税务总局、住房城乡建设部公告2021年第24号）中规定，住房租赁企业中的增值税一般纳税人向个人出租住房取得的全部出租收入，可以选择适用简易计税方法，按照5%的征收率减按1.5%计算缴纳增值税；住房租赁企业中的增值税小规模纳税人向个人出租住房，按照5%的征收率减按1.5%计算缴纳增值税。由此，住房租赁行业内的重要主体都被相关的税收优惠所覆盖。

除了个人所得税、增值税，房产税政策优惠也是该领域税收政策的发力点之一。《关于完善住房租赁有关税收政策的公告》（财政部、税务总局、住房城乡建设部公告2021年第24号）中提及"对企事业单位、社会团体以及其他组织向个人、专业化规模化住房租赁企业出租住房的，减按4%的税率征收房产税"。这一规定减轻了出租方的税收负担，提高了其发展住房租赁业务的积极性，有助于从源头上推动住房租赁市场发展。

融资支持

在融资方面提供政策支持，是金融财税措施纾困不可或缺的一部分。在住房租赁领域，中央与地方不仅积极推进公募 REITs 试点，以期形成存量资产和新增投资的良性循环；同时也在持续助力信贷、债券发行等传统融资渠道，进一步拓宽资金来源，大力支持房地产开发企业合理的融资需求。

在信贷支持层面，2017 年，住房和城乡建设部等 9 部门联合印发的《关于在人口净流入的大中城市加快发展住房租赁市场的通知》（建房〔2017〕153 号），明确鼓励"加大对租赁住房项目的信贷支持力度"。

2018 年，证监会、住房城乡建设部联合印发《关于推进住房租赁资产证券化相关工作的通知》（证监发〔2018〕30 号），对开展住房租赁资产证券化的基本条件、政策优先支持领域、资产证券化开展程序以及资产价值评估方法等予以明确，并在审核领域设立"绿色通道"。银保监会发布《关于保险资金参与长租市场有关事项的通知》（银保监发〔2018〕26 号），明确要求保险公司在参与长租市场时要发挥自身优势，同时注意防范投资风险。自此，险资获准进入住房租赁市场。国家发展改革委印发《关于支持优质企业直接融资进一步增强企业债券服务实体经济能力的通知》（发改财金〔2018〕1806 号）提出"支持信用优良、经营稳健、对产业结构转型升级或区域经济发展具有引领作用的优质企业发行企业债券"以支持保障性住房、租赁住房等领域的项目。

2021 年，《关于加快发展保障性租赁住房的意见》（国办发〔2021〕22 号）进一步指出"支持银行业金融机构以市场化方式向保障性租赁住房自持主体提供长期贷款；按照依法合规、风险可控、商业可持续原则，向改建、改造存量房屋形成非自有产权保障性租赁住房的住房租赁企业提供贷款"。在落实相关贷款发放工作的过程中，相关机构应当"完善与保障性租赁住房相适应的贷款统计，在实施房地产信贷管理时予以差别化对待"。更为重要的是，在房地产开发商需满足"三道红线"要求、项目开发贷款普遍受到严重限制的背景下，2022年2月，中国银保监会、住房和城乡建设部联合发布了《关于银行保险机构支持保障性租赁住房发展的指导意见》（银保监规〔2022〕5号），进一步完善了此前关于长期贷款的规定，明确"以市场化方式向保障性租赁住房自持主体提供长期贷款""银行业金融机构向持有保障性租赁住房项目认定书的保障性租赁住房项目发放的有关贷款，不纳入房地产贷款集中度管理"，从而为保障性租赁住房项目的开发融资松绑。

在推进公募REITs试点层面，早在2015年，住房和城乡建设部发布的《关于加快培育和发展住房租赁市场的指导意见》（建房〔2015〕4号）即提出原则性倡导，即"各城市要积极开展REITs试点，并逐步推开""解决企业的融资渠道""充分利用社会资金，进入租赁市场，多渠道增加住房租赁房源供应"。三年后，《关于推进住房租赁资产证券化相关工作的通知》（证监发〔2018〕30号）进一步明确了支持住房租赁企业发行REITs的政策导向。

2021年6月，国家发展改革委印发《关于进一步做好基础设施领域不动产投资信托基金（REITs）试点工作的通知》（发改投资〔2021〕958号）、《关于加快推进基础设施领域不动产投资信托基金（REITs）有关工作的通知》（发改办投资〔2021〕1048号）等文件，先后明确了基础设施REITs试点建设的工作原则、项目要求与工作安排，强调应当加强项目储备管理，推动落实项目条件，也要充分发挥政府投资引导作用。特别是，保障性租赁住房正式纳入基础设施REITs发行的行业试点范围。

除此之外，相关政策文件也大力支持银行业金融机构发行金融债券，支持住房租赁企业发行企业债券、公司债券、非金融企业债务融资工具等公司信用类债券及资产支持证券，支持商业保险资金按照市场化原则参与保障性租赁住房建设，鼓励多渠道拓宽企业资金来源，推动住房租赁市场稳步发展。

市场监管政策：激励与约束并重

近年来，我国住房租赁市场快速发展，市场运行总体平稳，为解决居民住房问题发挥了重要作用。但在市场化的过程中，也出现了一些违背社会公平正义、扰乱市场秩序的负面现象；同时，不断发展壮大的市场也需要建立起更有力的管理平台、更科学合理的评估体系来统筹未来更细化的工作。故中央与地方多维度加强了对住房租赁企业、房地产中介机构的监管力度，致力于建设租赁服务平台、新型评价体系，为住房租赁市场的稳步发展保驾护航。

2015 年，《关于加快培育和发展住房租赁市场的指导意见》（建房〔2015〕4 号）首次正式提出"积极推进租赁服务平台建设，大力发展住房租赁经营机构"。随后几年中，各地培育专业化住房租赁企业并规范其相关行为的文件相继出台。例如，合肥、厦门等城市明确规定，禁止住房租赁企业在利用集体建设用地建设租赁住房时从事以租代售的行为；又如，郑州、肇庆等城市建立租金监测相关机制，维护市场基本秩序。在政策的支持与保障之下，住房租赁企业发展初显成效，但市场上也出现了租金贷、长收短付（收取承租人租金周期长于给付房屋权利人租金周期）、高进低出（支付房屋权利人的租金高于收取承租人的租金）等扰乱市场秩序的现象。对此，2019 年，住房和城乡建设部等 6 部门及时出台了《关于整顿规范住房租赁市场秩序的意见》（建房规〔2019〕10 号），"指导住房租赁企业在银行设立租赁资金监管账户，将租金、押金等纳入监管账户"，并规定"住房租赁企业租金收入中，住房租金贷款金额占比不得超过 30%"。另外

"对不具备持续经营能力、扩张规模过快的住房租赁企业，可采取约谈告诫、暂停网签备案、发布风险提示、依法依规查处等方式，防范化解风险"。

住房租赁行业的中介机构在市场发展壮大的过程中一直充当着重要的角色，督促中介机构提供规范的居间服务，提升从业人员素质，依法经营、诚实守信、公平交易，是维护市场秩序的一大重要抓手。

2016年，《关于加快培育和发展住房租赁市场的若干意见》（国办发〔2016〕39号）即提出"住房城乡建设部门负责住房租赁市场管理和相关协调工作，要会同有关部门加强住房租赁市场监管，完善住房租赁企业、中介机构和从业人员信用管理制度，全面建立相关市场主体信用记录，纳入全国信用信息共享平台，对严重失信主体实施联合惩戒"。随后，《关于在部分城市先行开展打击侵害群众利益违法违规行为治理房地产市场乱象专项行动的通知》（建房〔2018〕58号）等文件也提出，要致力于平抑高租金，打击黑中介，杜绝中介机构隐瞒抵押、查封等限制房屋交易信息，采取暴力手段驱逐承租人，恶意克扣保证金和预定金等行为。2019年，中国人民银行、中国银行保险监督管理委员会、中国证券监督管理委员会、国家外汇管理局联合发布《关于进一步规范金融营销宣传行为的通知》（银发〔2019〕316号），严禁与违法违规从事长租公寓业务的中介服务商开展类似"租金贷"业务合作，不得以不实宣传误导金融消费者接受与其风险认知不相符合的服务。

行业平台系统建设

信息化平台的建设是确保住房租赁市场能够有序运作的重要技术保障，住房租赁信息的公示化、透明化和标准化，有利于住房租赁行业的健康和良性发展。《关于加快培育和发展住房租赁市场的指导意见》(建房〔2015〕4号)要求各地"搭建住房租赁信息政府服务平台""为租赁市场供需双方提供高效、准确、便捷的信息服务""逐步实现在平台上进行对接；提供房屋租赁合同示范文本，明确提示双方的权利义务""公布经备案的房地产中介机构名单，房地产中介机构和从业人员信用档案等信息。有条件的城市，要逐步实现房屋租赁合同网上登记备案，方便群众办事"。为了落实该文件的要求，上海、合肥、杭州等城市纷纷出台住房租赁合同网签备案文件，利用现有发展优势积累实践经验。在试点经验的基础上，2019年发布的《关于整顿规范住房租赁市场秩序的意见》(建房规〔2019〕10号)中进一步明确了网签备案的工作要求："经由房地产经纪机构、住房租赁企业成交的住房租赁合同，应当即时办理网签备案。网签备案应当使用住房和城乡建设、市场监管部门制定的住房租赁合同示范文本。"

新型评价体系建设

为了推动住房租赁市场更全面、充分地发展，多种新型评价体系也应运而生。最典型的如《关于加快培育和发展住房租赁市场的若干意见》(国办发〔2016〕39号)、住房城乡建设部等9部委发布的《关于在人口净流入的大中城市加快发展住房租赁市场的通知》(建房〔2017〕153号)等文件均提出，要完善住房租赁企业、中介机构和从业人员信用管理制度，全面建立相关市场主体信用记录，对严重失信主体实施联合惩戒。

2018年，《关于印发完善促进消费体制机制实施方案(2018—2020年)的通知》(国办发〔2018〕93号)提出"大力发展住房租赁市场""加快研究建立住房租赁市场建设评估指标体系"。除此之外，

2019 年 6 部门出台《关于整顿规范住房租赁市场秩序的意见》（建房规〔2019〕10 号）后，杭州、成都、深圳等城市也相继出台租赁资金监管通知，规定住房租赁企业应在银行设立专门的租赁资金监管账户，将租金、押金等纳入监管账户，接受有关部门针对租赁资金的监管。文件还涉及住房租赁资金监管分类管控对象、评审要求、申报程序等方面的要求，力图全方位、多角度保障租赁资金发挥其应有的效用。

住房租赁企业机构化运营发展历程

伴随着住房租赁行业发展，我国住房租赁企业的机构化发展经历了萌芽、培育和成长三个阶段。

2010—2015 年是萌芽阶段。

2010 年左右，虽然公租房得到了较好的发展，但仅能满足低收入人群的住房需求。对于数量更庞大的城市新市民，特别是青年人来说，在个人房东租赁住房市场难以找到合适的产品，并且伴随着消费升级趋势，他们对于租住品质的要求也进一步提升。随着巨大市场需求的驱动，住房租赁市场开始出现少量机构化运营企业。

这一阶段出现的住房租赁企业有 5 个显著特点。一是创业公司属性明显，比如 2009 年在南京开设第一个项目的魔方生活服务集团、2012 年创始的优家和优客逸家都属于这一类型。表 3-2 列举了萌芽期住房租赁企业类型及代表品牌。二是住房租赁企业多以中资产的包租模式起步，进行租赁住房项目的运营。三是企业涉及的业务类型多样，既有集中式项目，也有分散式项目。同期，链家于 2011 年创设 O2O 互联网平台——自如，成为中介系住房租赁企业的代表。四是从市场需求旺盛的城市起步，如北京、上海、广州、南京、成都等，并迅速向其他一线城市发展。五是企业融资方式单一，基本为天使轮融资及后续数轮股权融资。

表 3-2　萌芽期住房租赁企业类型

企业背景	产品类型	
	集中式	分散式
创业系	魔方生活服务集团、优家……	优客逸家……
中介系	自如寓……	自如

注：仅以代表性企业为例。

2015—2019 年是培育阶段。

2016 年，中央经济工作会议正式提出"房住不炒"的定位，为住房租赁市场发展奠定了政策基础，推动了住房租赁企业的快速发展。一时间，机构化运营的租赁住房项目遍地开花，成为社会关注的新业态，也吸引了资本的目光，带来一波投资热潮。这一阶段普遍被看作是住房租赁企业野蛮生长的阶段，但从另一个角度看，乱象丛生，折射的恰恰是新一轮培育市场阶段。

在这个阶段，房地产开发商陆续进入住房租赁行业，主动寻求尝试从"开发"向"持有运营"的转型。同时，国家推出了一批竞自持住宅用地、租赁专项用地、集体经营建设用地，用于开发建设租赁住房，助推了开发商企业的转型。随着行业热度的不断攀升，一些酒店管理公司也将目光锁定在住房租赁业务上，开拓了新的业务线和品牌线。

这一阶段，市场上出现了按照企业背景划分的 4 类住房租赁企业：地产系、创业系、酒店系和中介系。表 3-3 列举了各类住房租赁企业的代表性品牌。此外，还有一类住房租赁企业——资管系。资管系住房租赁企业较少，往往容易被外界所忽视，但其运作模式与其他几类住房租赁企业有明显不同，因此也应单列为一类。

表 3-3　培育期住房租赁企业类型

企业背景	产品类型	
	集中式	分散式
地产系	万科泊寓、龙湖冠寓、旭辉瓴寓……	
创业系	魔方生活服务集团、优家、乐乎、安歆……	优客逸家、蛋壳、青客……
中介系	自如寓……	自如、相寓……
酒店系	城家、窝趣……	—
资管系	方隅公寓……	—

注：仅以代表性企业为例。

2021 年至今是成长阶段。

2021 年被称为住房租赁行业的"政策元年"。在这一年，住房租赁企业呼吁多年的减税降负、公募 REITs、金融支持、多渠道增加供给等方方面面的配套政策集中出台，从降低企业负担、扩大行业规模、打通退出渠道几个维度进一步完善住房租赁行业的商业闭环，住房租赁企业也迎来了更广阔的发展空间。

随着大型租赁式社区的陆续入市、公募 REITs 等金融工具的加持，住房租赁行业发展的想象空间更大，住房租赁企业的发展方向也更为多样化。在重资产开发模式和轻资产运营模式逐渐分离的背景下，一部分住房租赁企业开始尝试向资产管理人的方向深入发展，同时，基金类租赁住房企业也加快发展脚步，除前述的方隅公寓在不断拓展之外，全球著名的私募股权基金公司黑石集团也积极在华开拓住房租赁市场业务。

另外，"十三五"期间，我国住房保障体系建设取得巨大成就，实现了低保、低收入住房困难家庭应保尽保，公租房的分配也随之放宽了准入条件，将新就业无房职工和在城镇稳定就业的外来务工人员纳入其中。"加快发展保障性租赁住房"一经提出，陆续有地方开始尝试将公租房、人才安居公寓等政策性住房转向保障性租赁住房运营。公租房的运营单位，如各地的城投公司、安居集团等，也开始向市场化运作的住房租赁企业转变。

创业系、酒店系的试水与成长

创业系企业是住房租赁市场上最早出现的一批机构化运营企业，始于 2010 年前后。从客观层面上说，当时国内没有住房租赁大型运营机构，租房模式依靠"个人房东 + 中介公司"的传统租赁模式；我国房地产开发行业处于快速发展时期，存量物业的价值尚未被挖掘。从主观层面上说，我们通过对多位创业系企业创始人进行访谈了解到，他们进入行业的初衷主要是想解决在租房中经历的种种问题，如提前清退、随意涨租等。

基于此，创业系企业主要通过中资产"包租 + 运营"模式切入市场，拓展规模。根据 ICCRA 统计，截至 2021 年年底，在全国头部 60 余个住房租赁运营品牌中，创业系企业管理规模占比达 28.4%，其增长快、贡献大、活力足的特征对我国住房租赁市场先期建设和发展起到了开拓与创新的作用。

首先，创业系企业确立了行业最初的产品定位和功能定位，以小户型、独立空间为主，配以共享型公共空间，家电及家具齐备，实现拎包入住，在行业发展伊始创立了标准产品模板。其次，其自行研发了适合行业的管理系统。由于创业系企业管理团队具备不同行业背景，其系统综合了地产开发、酒店管理、物业管理、中介平台等不同纬度的管理逻辑，包含了项目投拓、客研定位、运营管理、物业管理、财务管理、租户管理等不同功能模块，为我国住房租赁行业后续管理系统的设计与实现奠定了基础。最后，在软性服务方面，创业系企业以"管家服务 + 社交场景"，颠覆了仅提供"中介租赁服务 + 物业管理"的传统租住模式。

不过，创业系企业在发展过程中并非一帆风顺。"如何提高收益率，实现可持续盈利"一直是创业系企业在探索和实践中需要攻克的最重要课题。我们一般将创业系企业分为"全国布局型"和"区域深耕型"。全国布局型企业往往借助资本驱动，在行业利润率微薄的客观情况下，通过业务扩张，实现规模化经营，从而摊平集团性成本和支出，以实现可持续的盈利。区域深耕型企业，大部分不受或较少受资本市场的影响，采取以"精耕细作为主，规模扩张为辅"的战术，但这类企业往往面临现有管理物业合同到期、新物业获取难度增大、管理规模无法持续扩大的困境。

2016 年以后，随着存量物业市场价值的回归，中资产模式扩张规模越发艰难，创业系企业逐渐转向探索轻资产管理输出模式，开始通过产品迭代创新、产品线多元化探索、管理系统输出、咨询服务输出等多种方式参与市场竞争。

从中资产模式向轻资产模式转型的过程中，如何凸显品牌价值、体现运营管理能力、实现行业赋能，是创业系企业破局的关键。

酒店运营商转型到住房租赁领域始于 2014 年。彼时，中端酒店市场正处于快速发展阶段，部分国内中端酒店管理集团已经通过"包租 + 运营"模式完成了第一轮市场布局，塑造了品牌影响力并取得了市场认同，开始依靠"品牌连锁加盟"模式进行第二轮扩张。在不断规模扩张的同时，中端酒店行业也面临着机遇与挑战。一方面，很多中端酒店本身位置较好，交通便利且周边生活设施配套齐全，靠近商务区或产业园，经常能够吸引 1~3 个月中长期住宿需求的人群；另一方面，在连锁加盟的过程中，一些中端酒店遇到的部分物业不适合做短租住宿，比如物业地理位置较偏、对外昭示性欠佳、公共区域及后勤区域面积不足……但除了酒店用途外，物业业主或投资人没有其他更好的业态可选。在此背景下，加上青年公寓等租赁住房需求的

拓展阅读　案例 3-1

城家公寓：酒店系数字化连锁管理企业

城家公寓由华住集团于 2015 年创建，主要对接存量资产，服务长租领域。

城家继承了华住集团精细化连锁管理和数字化基因两大优势。

在精细化连锁管理方面，城家发挥酒店系特有的产品和服务优势，将华住酒店管理服务经验和综合运营标准移植到长租场景中，推动供给侧品质提升。成立 7 年以来，城家从白领市场切入租赁住房行业，逐步延伸至蓝领公寓、白领公寓、服务式公寓，初步形成全产品线布局并在不断完善。

城家在华住数字化管理基础上自主研发了 CAS 居住管理系统。该系统以租赁住房资产管理理念为指导，覆盖了租户的全生命周期并创建两大自有体系。一是国内长短租结合的住宿管理体系。该体系尝试打破长租和短租的逻辑边界，通过系统大数据智能测算与分析进行动态调节，对需求、租期、房态、价格变化等进行预测，根据淡旺季的房态情况智能定价，力争锚定最具价值的租期产品出售，以实现项目收益最大化。目前该体系已投入使用并取得初步成效，适用于单体物业、大型社区等各类存量资产。二是城家大直销体系。在直连超过 1.9 亿华住会员的基础上，城家研发了行业首个自有私域流量营销平台"橙小推"，以期实现老客户的终身价值并以老带新转化，实现聚沙成塔，带来高效的用户增长和营收增长。

截至 2022 年 6 月底，城家签约了超过 200 个物业，管理规模超过 3 万间，旗下细分五大租赁住房品牌，根据不同人群的长中短租需求及支付能力，确定目标市场，精准定位各条产品线类型。城家充分发挥自身的优势和特点，特别是通过长短租结合收益调节和自有私域流量池来获客的便利性，现阶段取得显著的经营成效——直销占比 90%，GOP（总毛利润）率 85%，出租率 95%。

拓展阅读 案例 3-2

魔方生活服务集团：体系化的轻资产运营企业

魔方生活服务集团是国内最早一批进驻住房租赁市场的品牌之一，属创业系出身。在品牌建立初期，魔方主要以中资产包租模式对外扩张。在 2019 年完成 D 轮融资后，魔方宣布其轻资产战略加速计划。结合业务优势，魔方建立了矩阵式输出架构——覆盖"投、建、管、退"全生命周期各个阶段的咨询服务，传统加盟和托管，智能化软件和 IOT（物联网）硬件设备的输出。

在产品线布局方面，魔方针对精英人士、城市白领、创业青年、基层员工等不同客群，以白领公寓魔方公寓、中高端公寓魔尔公寓、企业公寓 9 号楼公寓三条产品线切入各细分市场，并根据市场需求的变化，不断迭代升级其租赁产品。从满足基本居住功能需求的 1.0 产品，到品质化、标准化，再到智能化，直至综合美学、功能、健康、智能四大维度的 4.0 产品。魔方每一次产品更新都是从用户角度出发，全面提升租住体验。魔方还推出"公寓＋"战略，接通了联合办公、咖啡、健身、KTV（歌舞厅），线上连通生鲜配送、洗衣、金融、教育等，满足租客生活中办公、金融、休闲娱乐等全方位的生活需求。在增强产品附加值的同时，也打造出更多消费场景，拓展盈利点。

在数字化系统投入上，魔方是最早一批将数字化方案应用于租赁住房运营的企业之一。一是魔方生活 App（应用程序）可实现线上看房、签约、生活缴费等功能，二是智能门锁、智能水电表等智能设备的应用，共同助力魔方高效完成从产品到客户到居住全链条的管理。经过多年沉淀，魔方还形成了从管理到服务、从治理到运营的公寓数智化解决方案输出能力。魔方自主研发的 IOT 系统提高了公寓管理效率和公共服务水平，同时还可以降低部署成本。截至 2021 年年底，该系统已在魔方33 个城市的管理实践中取得了突破性的成果。

拓展阅读 案例 3-3

安歆公寓：行业首个面向企业客户的住房租赁企业

安歆集团成立于 2014 年，是国内最早关注到企业员工住宿的品牌，至今仍仅专注于服务 B 端（企业、组织端）客户。安歆集团旗下 5 条产品线，可满足企业或园区基层员工、中高层管理人员、学生群体等多类群体的住宿需求。截至 2021 年 6 月，安歆在全国 27 个主要城市布局了超过 2 200 家门店，床位数近 13 万张，为各行业超过 2 000 家头部企业近 50 万人次提供入住服务。

以多人间为主要产品类型的宿舍型公寓，在产品设计、运营管理、非租金收入等方面都有其独到之处。安歆以"安全对标校园、卫生对标医院、服务对标酒店、生活对标智慧园区"的理念，建立了宿舍型公寓运营管理体系，并不断精细化发展。

在产品设计上，安歆秉持"以人为本"的理念，重视前期对各个产业园差异化需求的调研，从源头解决产品、房型和房源的错配问题。在客群的分配和管理上，安歆以建立产业园区的"房源库、人才库、企业库、资产库、岗位库"为抓手，可有弹性地调整每家门店的运营策略，实现"一店一策"。

在主力产品——多人间宿舍设计上，安歆抓住多人住宿的痛点，在考虑安全性的基础上，从私密性和实用性两方面发力。在最核心的"一张床"部分，配备了遮光窗帘、电插座、置水架、挂钩架、护眼灯、DIY（自己动手制作）床头板等人性化细节设计；在公共空间中注意私人物品的分区放置，设置了多功能书桌、独立鞋柜、独立抽屉、独立行李柜等。

在非租金收入方面，安歆也做出了有益的尝试和探索。一是背靠企业服务打造人才成长体系，为园区及企业提供岗位对接、创业培训、项目孵化、社群活动等一系列"招、住、培"一体化的企业租住生态链，助力企业员工"选、用、育、留"的全流程。二是依托规模优势发展配套商业，安歆的一站式新零售社区平台"歆便捷大社区"，凭借自有场地与人员复用的成本优势，实现零售商品相比周边便利店低 10%~20% 的价差优势，真正为住户节约了生活消费成本，同时也实现了基于"人、货、场"的数字化与智能化，创造了一种全新的园区智能居住生活与消费方式。

地产开发企业的转型之路

随着房地产发展转向存量运营，地产开发接近黄金时代尾声已是业内共识。很多敏锐的地产开发企业纷纷开始探索业务转型方向。以万科和龙湖为代表的开发商就是最早一批进行长租业务探索和尝试的企业。长租公寓、共享办公、文旅、物业管理、养老等"持有运营型资产"板块都成为其先后试水的业务方向。2016年，随着中央经济工作会议首次提出"房住不炒"的政策，住房租赁业务被列入地产开发企业主要业务板块中。

从"快周转、高利润"的地产销售到"精耕细作、微薄利润"的持有运营，地产开发企业不仅面临着思维方式的转变，更重要的是确定在资产管理时代的商业模型。在对商业模型的探索过程中，一部分开发商在起步阶段先依托自有存量资产发展重资产模式，在确立了产品模型后，通过中资产模式和轻资产模式进行规模扩张，后续依靠运营管理收入实现可持续发展。另一部分开发商在依托自有存量资产发展重资产模式的基础上，积极获取住房租赁专项用地，开发建设租赁住房项目，加大重资产持有比例，同时探索轻资产管理输出模式，希望在轻、重模式下各自实现价值最大化。

地产开发企业在住房租赁行业具有一定的比较优势。第一，在融资方面，由于具备底层重资产，因此可以采取的融资方式更为多元化，如传统的开发贷款、发行住房租赁专项债，或使用类REITs等金融工具，资金相对充沛。第二，开发建设经验丰富。除了可将传统地产开发经验应用到住房租赁行业中，而且还积极探索如装配式建筑、装配式装修等新型建筑方式。第三，丰富的物业管理经验。绝大部分地产开发企业都拥有物业管理公司，为租赁住房的管理提供了抓手，也有效降低了运营管理成本。

与此同时，地产开发企业向住房租赁行业转型的过程，也是逐步克服和摆脱"开发及销售逻辑"思维的过程。例如，在开发建设环节，不再沿用地产传统的供应链体系，逐步建立适应住房租赁行业的供应链体系，同时不再固守"成本转嫁消费者"的思维方式，严格进行成本管控；在营销招租环节，不再延续销售思维导向，也不再依赖售楼处和销售代理公司，对于样板间的功能和作用进行重新理解和认识；在运营环节，不再陷入单一的物业管理思维，开始关注租户满意度，注重租户黏性的培养。

此外，随着首批三只保障性租赁住房公募 REITs 正式发售，依托重资产模式的地产开发企业会有更多发挥空间。

很多地产开发企业在进入住房租赁行业之初，就认识到重资产持有运营模式的重要性，注重专业化运营能力的培养，因此在机构化、规模化的行业发展路径上不断推进。然而，也有少量地产开发企业更加关注行业的"金融化"属性，发展出"地产开发 + 私募基金"的重资产模式。

在"地产开发 + 私募基金"的重资产模式下，企业不仅需要具备租赁住房全链条的开发运营能力，包括土地拓展、产品设计、工程建设及项目交付能力，而且需要熟悉对行业感兴趣的全球知名机构投资者，为资本合作伙伴提供全投资周期的管理服务，创造独特及多元化的租赁住房投资机会，通过搭建一系列基金及投资平台，协调机构投资者投资处于不同阶段的优质租赁住房资产的能力，包括土地投资阶段的项目、开发阶段的项目、已经稳定运营的项目。同时，企业也可以与机构投资者共同投资资产投资与管理平台。例如，旭辉集团旗下租赁住房品牌瓴寓在 2019 年与平安不动产签署住房租赁战略合作协议，双方计划在 3 年内总投资 100 亿元人民币用于住房租赁项目的投资、开发及运营。

相比于普通的地产开发企业，"地产开发 + 私募基金"类型的企业往往需要具备更强的前瞻性和战略性思维。首先，要认可和看好住房租赁行业的基本面，认可机构化趋势、重资产模式；其次，需要了解资产运营与运营管理的区别和联系，才能带给投资人更优厚的价值回报；最后，对于开发类项目，一定要在开发之前就以基金思维进行财务模型推演，以终为始，控制项目开发成本，或者在地产集团内部对销售与自持运营部分进行开发成本的合理分摊。

拓展阅读 案例 3-4

万科泊寓：轻资产模式为主，中、重资产模式为辅

2014 年 11 月，万科以广州万汇楼项目试点，利用自持、租赁的优质资产，正式探路规模化长租公寓业务。2016 年 4 月，万科整合全国长租项目，统一为"泊寓"品牌，业务出现了明显扩张。2017 年 9 月，长租公寓被列为万科集团核心业务之一。2018 年至今，万科长租实现了规模化发展，在全国重点城市开展租赁业务，管理规模牢牢占据国内第一的位置。

泊寓能够快速实现规模化发展并始终名列前茅，与万科体系的支持和泊寓多元化发展模式探索关系密切。

万科作为国内知名房地产企业，积累了丰富的居住设计经验，且具备完善的供应链体系，这都给泊寓的发展提供了极大助力。

泊寓积极探索多元化发展模式，根据租赁住宅、集体土地、综合体等不同土地属性，结合不同城市特点，联合不同市场参与主体，兼顾了政府、国有企业和其他企业特点，进行了多种形式的尝试，均取得成效，打造了一些示范性项目，形成了 6 种业务发展模式的经验总结。

6 种业务发展模式分别为：（1）利用集体建设用地合作：村集体以土地经营权或土地使用权作价入股等方式与万科合作，万科投入建设资金，负责规划设计、建造施工和运营管理；（2）利用商办类土地自建持有运营：依托万科土地资源及房地产全流程运营能力，自建公寓项目，由万科单独持有经营，或

与基金方共同持有经营，提升资产价值；（3）与国企成立合资公司建设运营：双方同股同权，万科负责产品建造、业务运营及团队管理，国企对万科经营进行监督及业务支持；（4）城市更新、老旧城区微改造：与政府合作，参与老旧城区微改造，多业态打造城市新名片；（5）定制政企人才租赁住房：为政府和企业引入的中高端人才，打造定制化租赁式社区；（6）全流程管理输出服务：向政府平台、企事业单位、国企的人才房、安居房或市场化运作项目提供设计、建造、运营、IT和品牌等一揽子服务方案。

纵观万科在长租公寓领域的发展，轻资产模式是其主要发展方向，预计占70%左右的比例，覆盖二线及以下城市；中资产模式主要集中在强二线城市，如杭州、西安、南京等，大致占20%；重资产模式主要集中在北、上、深以及其他城市的政策性用地，如集体土地、R4用地、竞自持用地等，大致占10%。

拓展阅读 案例 3-5

方隅公寓：打造全球资产管理平台，成为生活方式引领者

方隅公寓成立于2018年，是出身于中骏集团的地产系租赁住房品牌。在发展过程中，方隅公寓也带有强烈的基金属性，定位中高端市场，通过"基金管理＋数字化连锁运营"的模式取得了快速发展。因此，方隅公寓同时也为资管系品牌。

截至2022年3月，方隅在管房源近40 000间，重资产体量占比70%以上，重点关注北、上、广、深4个一线城市和杭州、南京等强二线城市，同时积极探索中骏集团资源优势明显的泉州、济南、南昌等城市。根据规划，到2025年，方隅目标管理租金规模100亿元，资产管理规模超过600亿元。

为了达成这一管理规模和可观的项目投资回报率，方隅在拿地阶段就已经关注成本上的把控。其一，通过与政府谈判完成纯商业地块勾地，这类地块的地价通常较低；其二，协同中骏获取综合体或其他带自持商业的项目时，就已约定未来将以符合基金投资预期的价格出让公寓项目。

先天的成本领先使得方隅租赁住房项目具备高利润、高回报的优势，吸引了大量的基金合作伙伴。目前，方隅分别与全球知名基金管理方基汇资本旗下管理基金、中东主权基金、Proprium Capital Partners、KKR（Kohlberg Kravis Roberts & Co. L.P.）达成合作，共同成立方隅开发基金和投资平台。随着方隅公寓业务发展渐入佳境，合作伙伴不断加大股权投资的力度，目前，方隅可实现小股操盘。

方隅公寓自成立之初，就瞄准了中高端租赁市场，针对市场上缺少满足中高收入群体高品质居住需求的产品，方隅公寓布局了方隅国际公寓、方隅公寓等多条产品线。在产品打造上，方隅在2021年进行了品牌全面升级，进一步夯实了"高档一居"的市场定位。其主打的一居室产品，秉持"人文、生态、健康"的产品理念，无论是在居住空间还是社区空间的锤炼上，都更加深入聚焦于中高端租赁住房细分领域，弥补住房租赁市场上中高端品质一居室产品的稀缺。从方隅公寓这几年陆续开业运营的中骏广场方隅国际公寓、天璟方隅国际公寓、浦江方隅公寓到杭州未来科技城方隅公寓来看，这一定位颇具成效。据统计，方隅出租率长期稳定在 92%。

在此基础上，结合当下用户感兴趣的话题热点，方隅发布了原创品牌人宠 IP（知识产权）形象组合。IP 形象是方隅基于对已有用户人群画像的分析研判，在审美维度、安居维度、社交维度、快乐维度上，承担品牌形象塑造和品牌文化输出的重要角色。将人宠组合作为品牌形象，不仅兼具未来感和辨识度，也暗藏了方隅关于智能社区、宠物友好社区的品牌价值思考，从寻求流量到自带流量的品牌赋能，全方位展示活力新颖的品牌形象。

未来，方隅还计划联动中骏旗下住宅、商业、办公多个业态，联合多个行业品牌，使已有的用户资源得到可持续的开发和拓展，逐步实现方隅从租赁住房向多场景消费的商业生态平台的转变，构筑立体化围合式的消费场景，驱动品牌生态的良性循环。

国有企业成为行业发展的主力军

2017 年，党的十九大报告提出建立"租购并举"的住房制度，促使更多的国企央企承担民生保障，进入住房租赁市场。这些国有企业全部以重资产模式为主，轻资产模式或少量中资产模式为辅。很多企业虽进入行业仅短短几年，但从获取土地、拓展资源的重大举措中可见其对发展住房租赁事业的主动性和信心。

在国有企业性质的住房租赁企业中，可分为全国性布局的央企和区域深耕的地方国有企业。（1）按照企业数量，央企占比为 29.4%，基本为地产开发企业背景。与国企相比，央企在全国战略性布局方面更有优势，通常在发展初期就布局一线城市。同时，在规模扩张方面也更具优势，因此在行业发展过程中起到了"稳定器"的作用。（2）国有企业一般聚焦于城市或区域，以盘活自身的闲置、低效存量物业起步，同时积极获取住房租赁专项用地，进行租赁住房的开发建设。随着"加快发展保障性租赁住房"政策的提出，陆续有地方国有企业开始尝试将公租房、人才安居公寓等政策性住房转向保障性租赁住房运营。公租房的运营单位，如各地的安居集团等，也开始向市场化运作的住房租赁企业转变。这类国有企业起到了行业"压舱石"的作用。

值得注意的是，国有企业性质的住房租赁企业更乐于尝试多元化的产品线。如图 3-3 所示，52.6% 的国有企业拥有多元化的产品组合，这与国有企业持有重资产比例高且资产类型多有直接关系。这些重资产项目既包括闲置低效的城市更新型物业，也包括专项租赁住房用地上的新建开发项目。多元化的产品组合更有利于存量资产的盘活和增量土地的开发。

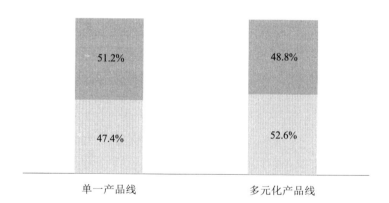

图 3-3　不同类型租赁住房运营企业的管理规模统计

此外，在保障性租赁住房开发建设方面，国有企业也体现出了引领和示范作用。以上海为例，共有80余家国有企业积极参与保障性租赁住房的开发建设，充分发挥了国有企业在行业中的压舱石、稳定器作用。一方面，政企联手，进一步有力规范了保障性住房租赁市场发展。另一方面，国有企业本身承载着强化保障和改善民生的使命担当，能够在专项租赁住房用地的获取方面发挥压舱石作用。2021年，上海共成交74宗租赁住房土地，其中68块用地为国有企业摘得。

拓展阅读 案例3-6

华润有巢：以退为投，倒推重资产模式实现路径

作为定位为协同主业的住房租赁业务，华润置地有巢公寓品牌自2018年成立以来，影响力持续上扬。

华润有巢品牌成立以来，从拿地的举动可见其重仓住房租赁事业的主动性与信心。除了存量物业改造，有巢成立第二年即陆续在北京、上海等一线城市获得政策性住房租赁专用地，发展租赁式社区。从入局之初，华润有巢就以重资产思维投资，以未来通过发行保障性租赁住房公募REITs为目标，形成"投资建设租赁住房–REITs盘活资产–回收资金再投资"的良性发展格局。

华润有巢加速布局的脚步从未停歇。除了北京、上海两地，深圳、成都、南京、武汉、宁波等核心城市也均有土地被收入其囊中。华润有巢通过租赁用地/集体用地、存量物业、城中村改造等获得底层优质资产，特别是住房租赁专项用地、集体经营建设用地拿地成本低，融资渠道多元。据统计，华润有巢重资产占比逾70%，且大部分用地用于建设保障性租赁住房。

将投资成本沉淀于拿地和开发建设，正是由于在保障性租

赁住房公募 REITs 项目的准入中，规模是个硬性门槛，原则上需要原始权益人的基金规模首发不低于 10 亿元，且新增可扩募资产不低于首发的两倍。因此，华润有巢敢于扩张、敢于持"重"，意在备战保障性租赁住房 REITs 发行的上半场与下半场，做到手中不仅有存量准入，还有潜在增量扩募。

同时，公募 REITs 年化收益率不低于 4% 这一硬性要求，考验着华润有巢专业化、精细化的运营能力。

华润有巢品牌下设 5 条覆盖不同客群的标准化产品线。标准化是快速增加有效房源供给的关键，在北京有巢国际公寓社区总部基地店，户型、装配式家具、机电消防一步到位，物业配套、车位设计、充电桩等统一规划，通过标准化的设计和创新让户型拥有更高坪效。该项目现已获得北京市保障性租赁住房认定。

华润有巢也在持续探索多种经营，创造新的盈利点，增加运营收入。借助门店载体，打通"内外双循环"——以华润集团资源禀赋为基础，打造住房租赁业务生态圈，实现高溢价、好口碑；以"公共空间＋流量"为内生发展因子，串联有巢社群价值链，实现多增值、强黏性。

尽管华润有巢目前规模有限，2 万间左右的开业规模在租金收入方面尚存天花板，然而随着潜在的大体量租赁式社区的建成和投用，华润有巢品牌凭借其完善的标准化产品系统，未来预计可获得稳定的现金流。

华润有巢住房租赁业务发展的背后，是房地产企业发展思路的转变，以及对与之匹配的新金融结构的回应——以公募 REITs 的标尺，建立财务模型，平衡前期开发建设、运营期间的支出，打造和培育优质资产，力保收益率，并构建模型以将成功经验复制到后续项目中。

拓展阅读 案例 3-7

上海城投宽庭：满足 10 年全周期租赁生活需求

上海城投集团是专业从事城市基础设施投资、建设、运营管理的国有特大型企业集团。在"租购并举"的住房制度下，上海城投集团积极参与保障性租赁住房建设。

作为保障性租赁住房行业的参与方，上海城投扮演的角色不仅仅是租赁住房的开发建设方、出租方，同时也是运营方和服务方。租赁项目布局主要以存量商业办公类项目改造、R4 租赁住房、自持商品房为主。截至 2022 年 6 月，上海城投自营租赁住宅项目布局上海三大区域，共计 8 个社区，总套量 15 000 套，总建筑面积 88 万平方米，总服务人数超过 20 000 人。

在"城投宽庭"品牌的打造上，上海城投对现代生活居住品质需求的研究，通过模块化设计、工业化建造、数字化管理、绿色生态技术应用四大技术标准，为新时期租赁生活提供了一套完整的解决方案。

在产品线规划层面，上海城投打造出"三大类型，5 种空间"的产品线。目前，城投宽庭发布了从一居到三居，不同大小的 5 种空间设计，可以满足客群从单身人士、二人世界到三口之家生活周期的需求。其中，宽庭·湾谷社区房型包括 28~42 平方米的一居室、41~70 平方米的一室一厅、63~140 平方米的两室一厅、117~170 平方米的三室两厅，一居室和一室一厅占总套数的 70% 左右。

在建造过程中，城投宽庭以与自然生态和谐共生为前提，充分利用客观生态系统环境条件及资源，集成适宜的建筑技术，建造资源消耗最小及使用效率最大、安全健康宜居的绿色建筑。

在社区规划层面，城投宽庭打造面向城市开放的居住社区。整体社区内包含三个层级规划体系。"街"：与城市相接的全开放商业街区；"院"：相对静谧的半开放空间，形成围合的层次丰富的院落与社群；"庭"：私密楼栋的住户专享空间。社区采用装配式建造技术，免外模、免脚手架，减少建筑垃圾和环境污染，使得建筑品质更可控，整体防水性能更好，确保入住体验美好。

为确保整体运营服务品质，城投宽庭建立了一支具有丰富专业管理经验的团队，涵盖运营管理、品牌宣传、财务管理、工程物业、租赁运营、商业管理等全过程运营服务内容，并自主研发信息化管理系统，旨在承接自建自营项目的同时，搭建一套成熟的运营体系及品牌，对外输出管理。此外，城投宽庭还推出"宽庭荟"这一公共和商业配套空间的子品牌，为社区运营带来增值效应。

借助数字化手段，城投宽庭基于建筑信息模型（BIM）技术的数字化管理平台，有效链接了租客端、运维端、管理端、客户端四大系统，实现居住全场景数字化、智能化、精细化管理与运营。该平台在租赁住宅项目开发建设中，为设计、施工提供协同一致的信息模型，将设计、施工阶段与运维阶段联系在一起，加深建筑全生命周期的协同作用，实现了建筑数据可视化、动态化；在租赁阶段，实现了看房、签约、续约等客户的全旅程覆盖；在运营管理阶段，实现数据驱动的业务监测、洞察和智能化决策。同时，系统通过对实体空间、物理数据、周边数据、能耗数据、设备运行数据、租赁数据等进行全方位采集，赋能资产运营全流程。

租赁住房需求结构变化推动市场发展与演进

我们在第一章中提到，租赁住房需求分为三个层次：基础租住需求、品质需求、衍生需求。三个层次为递进关系。目前，我国正处于需求过渡阶段，且传导到供给端，推动住房租赁市场向着更规范、更高效、更优质的方向发展。我国住房租赁市场经过多年的发展，已经由基础租住需求向着品质需求、衍生需求过渡。

三种租住需求

"十二五"期间，由政府主导建设的公租房和廉租房基本解决了低收入、无房人群的基础租住需求，同时政策鼓励市场化机构发展租赁住房。在这一阶段，市场呈现的租住需求较为单一，承租人的关注重点依次为租金总价、物业位置及公共交通便利性、基础的居住环境三个方面。

在租金总价方面，小户型、总价低的产品较受欢迎。同时，为了满足低租金总价的首要需求，合租成为市场的一项重要选择，由此催生了"N+1"等户型产品。在物业位置及公共交通便利性方面，需求具体表现为：能够依靠公交、地铁出行且单程通勤时间在30分钟内的位置。在基础居住环境方面，租户仅需要基础的家具家电配置即可，对装修品质等无明显要求。

随着城镇化进程的不断加快，以及消费升级、家庭结构变化、产城发展等，单纯满足基础租住需求的租赁住房已经无法迎合日益变化的市场需求。需求多元化、追求高品质成为市场租住需求的主要特征。

一方面，租住需求的多元化趋势明显。随着产城融合的趋势加快，以及现代服务业比重的上升，一线城市产生了大量服务业基层员工住宿安置的需求，产业园区产生了大量产业工人的住宿安置需求，催生了对于宿舍型公寓的需求。另一方面，随着我国经济持续增长和城镇化的推进，租住客群对高品质租住环境和服务的需求有了较大的提升。不同职业、身份及家庭背景的承租人对租赁住房产品使用、租住体验和服务、产品蕴含的社交价值和文化价值提出了更高的要求。

在基础租住需求、品质租住需求满足的基础上，新市民、青年人还面临着平等的受教育机会、医疗、养老等多方面痛点。因此，还要进一步满足承租人的衍生租住需求，即承租人享受与房屋所有权人机会均等的公共服务的权利，缩小租购之间的权益差，促进教育、医疗等重点公共服务均衡化，实现以人为本的公共服务资源配置。

需求结构变化加速行业转型

租赁住房需求结构的变化从需求端传导至供给端，不仅推动了分层次、差异化的住房租赁政策出台，加快推进租购同权和公共服务均等化等配套政策落地，而且促进了多元化、阶梯化的租赁住房产品形成。

完善住房保障体系，加快落实租购同权

从 2021 年中央经济工作会议到 2022 年《政府工作报告》，我们可以清晰看到政策在供给侧结构性改革方面的倾向，特别是"坚持房

子是用来住的、不是用来炒的定位，探索新的发展模式，坚持租购并举，加快发展长租房市场，推进保障性住房建设，支持商品房市场更好满足购房者的合理住房需求，稳地价、稳房价、稳预期，因城施策促进房地产业良性循环和健康发展"，明确了我国房地产市场是以市场化商品房、保障性住房和长租房为支撑的三足鼎立的立体化结构，满足不同生活水平群众的需求，为广大人民群众创造"住有所居""优其所居"的多种选择。

租赁住房分为保障性租赁住房和市场化的长租房两大类。保障性租赁住房作为整个住房租赁市场中兼具市场化和保障性功能的一类特殊资产，发挥着民生兜底保障的主要功能；长租房则主要是市场主导，通过多元化的产品供给，满足承租人对于"优其所居"的个性化选择。

此外，各地对于租购同权相关政策的探索也未停歇。例如 2021年，深圳市住建局发布《关于进一步促进我市住房租赁市场平稳健康发展的若干措施》（征求意见稿），明确提出将大力推进公共服务均等化，逐步推进租房积分入户政策与购房享受同等待遇，优化租房积分入学政策。

租赁住房发展模式向"新建 + 改造"并举演进

租赁住房需求结构的多元化，推动了从户型面积到户型结构的多样需求。同时，存量物业改造大部分为"非改租"项目，在建筑结构上存在诸多限制，无法根据市场需求进行灵活的户型适配。为此，党的十九大报告提出，多种渠道增加市场供应，特别是推出了"为租而建"的住房租赁专项用地。

至此，租赁住房发展模式从"改造"向着"新建 + 改造"并举演进。多种渠道增加市场供应也必然会推动多元化的产品供给，"为租而建"的住房租赁专项用地会增加大量的租赁式社区供给，从而增加与市场的适配度，满足不同年龄层、不同家庭结构的承租人需求。

租赁住房产品趋向标准化

租赁住房产品变化主要体现在三个方面：一是产品结构的变化，二是产品配套设施的变化，三是智能化的应用。

从产品结构维度来看，以集中式租赁住房为例，由于承租人对品质的要求不断提高，产品逐渐开始细分，住房租赁运营企业也开始探索多产品线发展战略。2021年，ICCRA统计、分析了住房租赁行业约60个机构化品牌（品牌的房间总数在800间以上）分布在38个城市的2 800个项目，65.9万间房间。通过对这些品牌的研究，我们总结出我国租赁住房产品的结构特征：多元化且整体呈现出明显的"正金字塔"形态，如图3-4所示。其中，满足年轻人需求的青年公寓占比最大，超过80%；满足新市民需求的租赁式社区占比超过10%；面对企业基层员工的宿舍型公寓占比6.94%；高端公寓比例仅为1.35%。

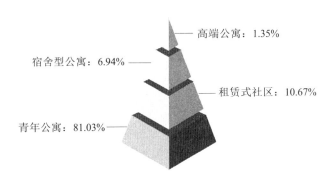

图 3-4　我国租赁住房产品结构特征

高端公寓的客源大部分为商务客源，对生活品质有较高要求，大开间、一居室是主力户型，同时对两居室也有一定需求。因此，高端公寓的套均面积普遍较大，如图 3-5 所示。

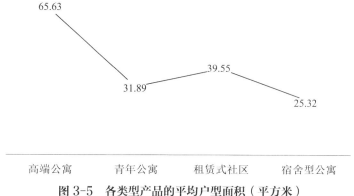

图 3-5 各类型产品的平均户型面积（平方米）

　　青年公寓主要面向青年人，单间房居住者以单身、情侣／夫妻为主，占比最大的户型为开间户型，套均面积基本在 35 平方米以内。

　　租赁式社区的户型则更为多元化，主力户型一般为一居室，也提供少量的两居室，甚至三居室，因此套均户型面积稍大。

　　宿舍型公寓需要符合各地政府对人均面积最低标准的要求，基本以 4 人间、6 人间为主，普遍人均面积在 4 平方米左右，套均面积约为 25.32 平方米。

　　从配套设施维度来看，各类产品在配建标准和配套设施方面也有所差别。高端公寓强调豪华、有设计感，配套设施丰富齐全；青年公寓讲求集约和实用性；宿舍型公寓强调统一、简洁和标准化。

　　大型租赁式社区集中入市后，单体青年公寓中"健身房＋共享客厅＋公共厨房"的基础配套已无法满足多元化承租人的需求。同时，由于租赁式社区规模体量较大，仅有的集中配套设施也显得捉襟见肘。因此，很多大型租赁式社区在规划设计阶段就进行了"集中式＋组团式"配套设施的布局设计。

　　集中式配套设施主要考虑社区承租人的普遍生活需求，如健身房、便利店、餐饮设施等；组团式配套设施主要考虑承租人的个性化需求，如家庭客群对于亲子设施的关注、三代同居客群对于适老设施的关注、带宠物的客群对于宠物活动空间的关注等。

从智能化维度来看，需求结构的变化也推动市场进入以服务体验为主导的智能化阶段。其中，以"居住"为核心展开的全旅程体验，以及在此基础之上的科技赋能布局成为兵家必争之地。

全旅程体验涉及从居住前的咨询、选房、租住申请，到居住期间的保洁、维修、网络、物业管理、出行门禁管理等全生命周期的体验服务设计。这些围绕以人为本、以住为核心的全旅程体验场景逐步落地实施。同时，运营商可以物业终端智能识别系统、云端视频监控系统、线上支付系统和租赁申请管理系统等手段，实现租赁住房管理智能化。

综上，我国住房租赁市场不仅是满足新市民、青年人对于独立、安全、舒适的居住空间的需求，还需要关注到不同类型承租人的体验型诉求，如情感诉求、文化诉求、社交诉求等。因此，在满足了基本的租赁住房供给总量后，市场的关注点将更多转向关注承租人需求及需求结构的变化，这也是普及租住生活方式、落实租购并举住房制度的重要一环。

租赁住房供给逐步聚集一线城市

由于各城市宏观经济、产业结构均有不同，导致不同城市对外来人口的吸引力不同，同时，各城市在生活配套、交通基础设施、文化教育等方面也存在差异，所以，我国租赁住房在地域布局上呈现出不同的特点，这主要体现在：一线城市呈现多组团态势，中心城区不断向外围区域进行人口疏解，特别是北京和上海，近几年的新增供给几乎都集中分布在中心城区以外的外围区域或产业新城；在新一线城市和二线城市，租赁住房的分布已经不仅仅聚焦在核心行政区，多点开花的态势逐步明朗，特别是产业新城或产业聚集的行政区对于租赁住房的需求形成较强支撑，因此能够吸引更多的供给布局于此。

此外，如图3-6所示，不同类型的租赁住房产品也呈现出不同的地域分布特点。（1）高端公寓主要集中在北京、上海、深圳、广州4个一线城市，以及杭州、南京等热点城市。值得注意的是，在一线城市中，高端公寓的位置基本在核心商业区、商务区等地段。（2）青年公寓主要集中在人口净流入的35个城市，其中以"珠三角"城市、"长三角"城市为主，京津冀城市为辅；在城市中的分布虽然较为分散，但仍有规律可循：一是靠近热点就业区域，二是临近公共交通枢纽，特别是地铁站。（3）租赁式社区目前主要分布在北京、上海、广州、深圳、杭州等城市，主要分布在核心城区周边，距离核心城区较远。（4）宿舍型公寓目前主要分布在一线城市和热点城市，其中超过50%的宿舍型公寓分布在上海和北京两地。由于宿舍型公寓主要为企业服务，因此，大部分宿舍型公寓分布在城市中热点就业区域的周边。

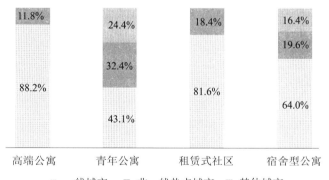

图3-6　各类型产品的地域分布情况

注：一线城市指北京、上海、广州、深圳；非一线热点城市指杭州、南京、成都、武汉、西安、重庆。

住房租赁企业产品线发展规划

　　需求多元化对于住房租赁企业产品线规划产生直接影响。从政策支持层面看，青年公寓、租赁式社区、宿舍型公寓这三类以新市民、青年人为主要客群的产品将成为住房租赁企业在产品线规划方面的主要发力点。然而，企业在实践中，仍要结合自身的商业模式和市场进入壁垒两方面进行选择。此外，产品线的选择对后续估值也产生影响。

轻、中、重模式匹配不同租赁产品

　　目前，我国住房租赁企业主要有以管理输出为代表的轻资产模式，承租存量物业运营管理的中资产模式，以物业/土地开发、持有、运营为代表的重资产模式，以及轻重结合模式。不同类型的产品在模式上也有不同侧重。如图 3-7 所示，租赁式社区全部是重资产模式，高端公寓的重资产模式比例也超过一半，而青年公寓和宿舍型公寓的重资产模式比例明显较低，特别是宿舍型公寓的重资产模式比例仅为 2%。

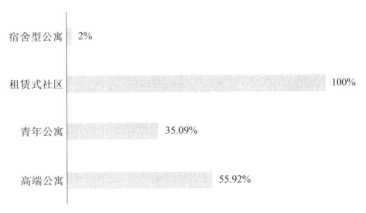

图 3-7　不同类型产品的重资产持有情况

对于重资产持有比例较高的产品类型，如高端公寓，其发展方向的关键词为"核心区位""优质重资产物业""非大规模扩张"。而租赁式社区产品，其发展方向会更聚焦于"产品的规划设计"，如户型设计、配套设施等。对青年公寓和宿舍型公寓产品而言，一方面其重资产持有比例较低，以管理输出模式为主；另一方面由于其面向的目标客群支付能力有限，必须依靠大规模扩张去摊派集团性成本。不过扩张也是一把双刃剑，弊端在于非热点城市的布局会在一定程度上拉低企业整体的租金水平。因此，青年公寓和宿舍型公寓发展方向的关键词为"管理输出模式""聚焦热点城市的规模扩张"。

企业背景与能力对应不同租赁产品

从市场层面而言，青年公寓大部分为轻资产模式，产品以改造为主，服务流程相对简单，因此市场进入门槛最低。对于其余的几个产品类型，市场进入普遍存在一定门槛要求。

对高端公寓来说，除了硬件标准，还需要具备高端酒店的从业背景，才能提供高品质的服务。此外，部分高端公寓，无论是设计风格，还是服务标准，都要力求体现对于"生活方式"的描摹和刻画，这就需要企业具备相应的背景或文化基因。

对租赁式社区来说，均为重资产持有项目，会更聚焦于"产品的规划设计"，如户型设计、配套设施等，因此需要企业具备持有型物业开发和运营的背景。

对宿舍型公寓来说，由于其采购方为企业，租户为员工，因此不仅要"深度挖掘和满足企业需求"，而且需要具备"打造更为标准化的产品和服务"的能力。

青年公寓更具发展优先级

从运营收入、运营成本、政策支持、开发成本、产品设计、服务要求等多个因素考虑，综合衡量影响资产估值的要素、影响发展潜力的要素，我们认为，租赁住房产品发展适宜性的优先级排序依次为：青年公寓＞租赁式社区＞宿舍型公寓＞高端公寓，如图3-8所示。

图 3-8　不同类型产品的发展评估

产品线选择直接影响项目收益率

对于住宿类物业的估值，国际通常采取收益法，即将预期收益资本化或者折现以确定评估对象价值的评估方法。针对租赁住房，住房租赁企业采用净营运利润除以资本化率（投资回报率）的方法计算。因此，在确定了资本化率的前提下，净营运利润是影响估值的关键因素。

租赁住房净营运利润＝（租金收入＋非租金收入）－运营成本－管理费－相关税费

对于不同类型的产品线来说，可以将影响净营运利润的指标拆解为四大核心指标：租金收入坪效、总收入坪效、续约率、人房比。其中：

$$租金收入坪效 = 套均日租金 \times 出租率 \div 套均面积$$
$$总收入坪效 = 租金收入坪效 \div （1 - 非租金收入占比）$$

ICCRA 将不同类型产品线的基础运营数据进行了横向对比，如表 3-4 所示。

表 3-4 各类型产品的基础运营数据对比

产品类型	套均月租金（元）	平均出租率（%）	非租金收入占比（%）	人房比	续约率（%）
高端公寓	14 110	77.47	11.89	1:52	62.60
青年公寓	2 859	93.07	14.62	1:105	57.18
租赁式社区	4 188	94.73	17.45	1:119	51.97
宿舍型公寓	3 484	91.47	11.00	1:134	80.33

注：人房比指每 1 名员工可服务的房间数量。

收入指标。租赁住房的收入指标包括租金收入和非租金收入两部分。单纯看租金收入指标，不足以反映租赁住房项目或租赁住房企业的实际经营效率，通常会通过进一步计算得出租金收入坪效和总收入坪效两个更核心的指标。其中，租金收入坪效为项目的日均房租收入除以项目总建筑面积；总收入坪效为项目的日均总收入除以项目总建筑面积。日均总收入为日均房租收入与日均非租金收入之和。

虽然高端公寓的平均出租率明显低于其他三个类型产品的平均出租率，但高端公寓无论在租金收入坪效还是总收入坪效方面都表现出色，如表 3-5 所示。这是由于其目标客源的支付能力较强，因此有效拉动了租金水平。宿舍型公寓由于其运营方式为按床位收取费用，且产品基本以多人间为主，形成了立体坪效，因此月租金及租金收入坪效优于青年公寓和租赁式社区。青年公寓和租赁式社区相比，前者在租金收入坪效维度略高于后者，主要原因是户型面积更集约，而租赁式社区的户型面积更大且户型更为多样，月租金收入相对于青年公寓更高。

表 3-5 各类型产品的收入指标情况对比

产品类型	租金收入坪效 （元/天·平方米）	总收入坪效 （元/天·平方米）
高端公寓	8.55	8.13
青年公寓	3.67	3.50
租赁式社区	3.32	4.28
宿舍型公寓	3.87	5.15

在非租金收入占比方面，租赁式社区的非租金收入占比接近18%，是4类住房租赁产品中非租金收入占比最高的。这是由于丰富的社区配套带来运营收入，另外，部分租赁式社区将物业管理费计算在非租金收入中。青年公寓的非租金收入占比在15%左右，主要来源于为满足青年租客的个性化需求而提供的多元化服务，如宠物服务收入等。

成本指标。租赁住房的成本指标主要包括人力成本、营销费用、能源成本、物业维修和养护成本等。其中，人力成本和营销费用是占比较大的两个指标。

人房比会直接影响项目的人力成本。高端公寓人房比指标最低，在人力成本方面要远高于其他类型产品；宿舍型公寓由于管理模式更为标准化，所以人房比指标最高；租赁式社区由于具有规模优势，所以人房比指标略高于青年公寓。

续约率的高低直接影响项目的获客成本，从而影响营销费用。从数据来看，服务企业客源为主的产品续约率较高，如：高端公寓通常为企业高管，续约率为 62.6%；宿舍型公寓直接面对企业采购，续约率为 80.33%。租赁式社区在客源结构方面更为多样，且年龄跨度更大，相比青年公寓，通常租客稳定性更好。租赁式社区的续约率为 57.18%，青年公寓的续约率为 51.97%。

综上所述，随着土地供给、金融财税、监管政策的扶持与驱动，住房租赁行业将迎来广阔的发展前景。市场热度的提升不仅吸引了不同背景的住房租赁企业涌入，而且会不断引入相关产业项目，延伸上下游产业链条。在市场良性竞争的基础上，叠加新市民、青年人需求的变化，租赁产品与服务将向着更精细化的方向发展。从长期来看，随着住房租赁市场规模的逐步扩大，该行业将推动我国形成"租购并举"的住房格局。

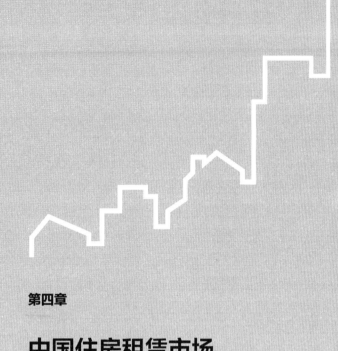

第四章

中国住房租赁市场
建设与发展

伴随着"租购并举"住房制度建设的不断深入，政策红利持续释放，我国住房租赁行业迎来快速发展。在第三章中，我们研究了住房租赁行业的基本面，本章聚焦住房租赁市场的建设。长久以来，我国住房租赁市场存在供应结构不合理、市场秩序不规范、租赁关系不稳定等问题，新市民、青年人等住房困难问题比较突出。培育和发展住房租赁市场，就要准确把握住房的居住属性，以满足新市民、青年人多层次需求为出发点，通过政府、企业及其他组织等多主体供给，通过金融、财税、土地、市场监管等多渠道保障，实现供给结构优化，供需适配，并逐步使租购住房在享受公共服务上具有同等权利。

多渠道扩大租赁住房的有效供给

要发展住房租赁市场特别是长期租赁，关键在于提供成规模且专业化运营管理的房源，扩大租赁住房的有效供给。一方面，各地应结合住房供需状况等因素，将新建租赁住房纳入住房发展规划，合理确定租赁住房建设规模；另一方面，随着中国房地产市场逐渐由增量市场向存量市场转变，存量改造可以积极盘活存量资产，缓解租赁供应短缺。

为租而建：开发及新建租赁住房

扩大租赁住房的有效供给，重要渠道之一就是开发及新建租赁住房。结合我国已出台的相关政策和实践经验，各地通过多元化方式集中供地，增大供应力度，助力实现建设租赁住房、发展完善住房租赁市场的工作目标。

开发及新建途径

从供给角度来看，开发及新建租赁住房包含多种途径，比较有代表性的主要有三种，分别是利用集体建设用地、竞争性自持用地，以及 R4 用地进行建设。

（1）集体建设用地。

2017 年 8 月，原国土资源部、住房和城乡建设部联合发布《利用集体建设用地建设租赁住房试点方案》（国土资发〔2017〕100 号，以下简写为《试点方案》），确定北京、上海、沈阳、南京、杭州、合肥、厦门、郑州、武汉、广州、佛山、肇庆、成都 13 个城市为利用集体建设用地建设租赁住房首批试点城市。至此，通过协议出让、招拍挂等途径，利用集体建设用地建设租赁住房成为推动用地制度改革、增加租赁住房供给的一项重要举措。

然而，在上位法层面，修订前的《土地管理法》第四十三条规定"任何单位和个人进行建设，需要使用土地的，必须依法申请使用国有土地"，第六十三条规定"农民集体所有的土地的使用权不得出让、转让或者出租用于非农业建设"。这一试点方案的实施在一定程度上与修订前的《土地管理法》存在冲突之处。

2019 年，新修订的《土地管理法》将第四十三条相关表述删去，并将第六十三条修改为"土地利用总体规划确定为工业、商业等经营性用途，并经依法登记的集体经营性建设用地，允许土地所有权人通过出让、出租等方式交由单位或者个人使用"。同期修订的《城市房地产管理法》第九条在"城市规划区内的集体所有的土地，经依法征收转为国有土地后，该幅国有土地的使用权方可有偿出让"之后补充了"但法律另有规定的除外"的表述。自此，利用集体建设用地建设租赁住房便有了充足的法律依据。

同时，根据我国土地相关法律法规所确定的原则，我国"集体建设用地"包括宅基地、公益性集体建设用地、集体经营性建设用地三类，而之前的相关规定并未明确哪些类别的集体建设用地可以作为租赁住房用地。对此，新修订的《土地管理法》第六十三条也做出了一定的回应，明确了集体经营性建设用地可用于建设租赁住房。

在此之后，2021 年，国务院办公厅印发《关于加快发展保障性租赁住房的意见》（国办发〔2021〕22 号）明确提出"可探索利用集体经营性建设用地建设保障性租赁住房"。

在下位法层面，在原国土部、住建部发布《试点方案》后，试点城市纷纷出台了各自城市的实施方案。各地实施方案对《试点方案》的相关要求进行了进一步细化，主要从相关试点城市的试点范围、工作内容、实施程序、支持政策、监管保障措施等方面进行规定。例如，《广州市利用集体建设用地建设租赁住房试点实施方案》将"结余存量宅基地"作为建设租赁住房"土地来源"的一部分。《北京市关于加快发展保障性租赁住房的实施方案》明确说明："支持将存量住房改造、转化为保障性租赁住房……支持专业住房租赁企业筹集社会存量住房（含农村闲置宅基地住房）改造后作为保障性租赁住房使用……"由此可见，就地方规定而言，现行政策认可的租赁住房集体建设用地来源并不限于集体经营性建设用地。

综上所述，我们认为当前使用"集体建设用地"这一上位概念进行表述，更符合现行法律规范的相关规定和发展趋势。

同时，各地在实施主体与运营方式、收益分配、土地费用、租赁期限、支持政策等方面不尽相同。

在确定实施主体方面，大多数城市将实施主体与运营方式确定为"由村镇集体经济组织自行开发运营，也可以通过联营、入股等方式建设运营"，如沈阳、杭州、合肥等。但也有部分城市限定了这一模式，如厦门规定"项目仅能由集体经济组织与市、区属国有企业合作开发建设"；郑州则采取"村集体经济组织与国有控股公司成立租赁住房平台公司建设运营集体租赁住房"，且在确定实施主体和实施方案前，应按照有关规定征得拟占用土地所有权所属集体经济组织 2/3以上成员或村民代表同意，确保集体经济组织自愿实施、自主运作。

在收益分配方面，沈阳、南京、郑州等城市选择按照项目实际投资比例进行分配的方式。杭州、合肥、广州等城市允许村集体经济组织与合作主体协商确定收益分配的规则。

在产权确权方面，利用集体建设用地建设的租赁住房须整体确权给集体建设用地使用权人，只办理一个权属证，不得分拆确权、分拆转让、分拆抵押、分割销售，且在产权证中一般会备注："该项目只能作整体产权租赁住房，整体持有，禁止转让，禁止分割销售或以租代售等变相销售。"

最后，为了更好地开展试点工作，各地从多个方面入手，大力推行相应的支持政策。综合各地文件来看，支持政策集中于金融财税领域。例如，佛山鼓励运营主体通过租赁住房租金收益权质押融资，通过 IPO、债券及不动产证券化产品等方式融资，也有意推进 REITs 试点工作，吸引社会化投资，多渠道筹集资金；又如南京明确支持加强建设主体与国家开发银行等政策性银行合作，协调安排一定的贷款额度，支持以试点集体租赁住房项目预期收益向金融机构申请融资贷款，并要求财政、地税、国税部门按规定执行相关税费政策，适时提供税收优惠支持力度并给予一定的财政补贴。除了金融财税领域，社会公共服务也是各地发力的领域之一。例如，武汉决定"在武汉土地市场等平台基础上，搭建集体租赁住房项目用地信息发布平台等平台"，沈阳推行"简化相关审批流程""将承租人纳入居住地教育、医疗管理体系，享受沈阳市医疗服务项目及所在地义务教育，并将符合条件的集体租赁住房承租人纳入社保体系""集体租赁住房按照居民住宅水、电、气价格执行，非居住功能用房的水、电、气实行分别计价"等一系列公共政策。

（2）竞争性自持用地。

利用竞争性自持用地是增加租赁住房用地供应的另一有力举措。2016年10月，北京市首先推出以"限地价、竞自持"方式出让的试点地块。这意味着，当经营性用地以招标、拍卖、挂牌方式出让时，若竞买报价达到公告所设的土地上限价格，更高报价将不再被接受，出让流程将转入竞报企业自持商品住房面积比例的程序，最终竞报自持比例最高的即为地块竞得人（若现场多家企业竞报自持比例均达100%，则再转用其他程序决定最终的竞得人）。"企业自持"即该地块相应比例面积上建造的住房在一定期限内必须作为租赁住房，不得销售。

针对自持用地建设租赁住房的管理，北京、上海、杭州、青岛、长沙、佛山、西安等城市纷纷出台了相应的政策文件。

关于自持年限的强制性要求，各地的规定不尽相同。2016年，《关于加快培育和发展住房租赁市场的若干意见》（国办发〔2016〕39号）指出："新建租赁住房项目用地以招标、拍卖、挂牌方式出让的，出让方案和合同中应明确规定持有出租的年限。"在此基础上，北京、青岛、佛山等地就房屋自持年限做出了"企业持有年限与土地出让年限一致"的安排；西安、长沙则相对特殊，西安规定"自持年限不低于 10 年"，长沙则区分房屋的不同性质分别处理，"住宅性质租赁住房需自持运营满 10 年，商业性质租赁住房需自持运营满 5 年"。就对外出租单次租赁期限而言，北京、杭州、青岛等地均明确表示该期限不超过 10 年，但也有如佛山等城市将该期限设置为 20 年。

（3）R4 用地。

R4 用地，一般是指依据上海市规划和国土资源管理局印发的《关于加快培育和发展本市住房租赁市场的规划土地管理细则（试行）》（沪规土资规〔2017〕3 号）中所提及的"四类住宅组团用地（Rr4）"，具体包括供职工或学生居住的宿舍或单身公寓、人才公寓、公共租赁房、全持有的市场化租赁住房等住宅组团用地。

根据《土地利用现状分类（GBT 21010–2017）》《城市用地分类与规划建设用地标准（GB 50137–2011）》，全国城市用地分类中并不存在"R4"这一类别。我们查阅各地用地分类文件后，发现全国其他城市或是并未规定"R4"这一用地类别，或如深圳等城市规定了"R4 用地"，但其用途并非专用于租赁住房的建设。最初只有上海将 R4 用地的土地用途明确标示为租赁住房专项用地（或租赁住房社区用地）。

2021 年 8 月，全国首幅 R4 用地打造的张江纳仕国际社区一期试运营。后续随着 R4 用地打造的租赁社区大批入市，上海住房租赁市场的整体格局形成。在上海的带动下，杭州、南京、合肥等长三角地区核心城市均推出 R4 用地，规定 R4 专项用地的土地用途仅限于建设租赁住房，最终建成的住房必须完全由开发企业自持并用于租赁，不得改变用途，不得分割转让。其中，杭州、南京认可以招标、拍卖、挂牌方式出让 R4 专项用地。相比之下，合肥仅允许采取挂牌方式供应 R4 专项用地。上海则按住房租赁市场的不同发展阶段分别进行规定："住房租赁市场前期培育阶段，租赁住房用地可参照本市有关保障性住房用地供应方式实施土地供应，经市区政府部门认定后，采取定向挂牌方式供应。随着住房租赁市场健全完善，租赁住房用地应采取公开招拍挂方式出让。"

同时，对于 R4 用地土地出让年限的问题，大多数城市并没有明确的规定，仅有 R4 用地发展较为成熟的上海明确规定了"租赁住房用地最高出让年限不超过 70 年"。

实践中的痛点与难点

各地在落实新增用地建设租赁住房、扩大房源供给中，形成了一批典型项目，为调整供需结构、缓解租住难题提供了思路。但是，由于各用地类型本身存在制度特色，以及租赁住房项目建设与运营过程中存在现实难题，实践中，新增用地租赁住房项目痛点问题依旧突出。就前文所述不同新增用地类型，结合实践中的具体案例，我们简要进行以下分析。

（1）集体建设用地租赁住房项目典型案例与实践难点。

北京作为全国首批利用集体建设用地建设租赁住房的城市，早在 2011 年就率先开展了集体建设用地建设租赁住房相关试点工作。2017 年以来，随着全国性试点工作的铺开，北京开启了新一轮试点工作。2018 年年初，北京首批集体建设用地租赁住房地块入市，其中，万科入股大兴区瀛海镇租赁住房项目，意味着大型地产开发企业正式参与集体建设用地租赁住房项目的开发。2021 年 7 月 6 日，万科泊寓成寿寺社区正式开放，成为北京乃至全国首个集体建设用地租赁住房项目。

万科泊寓成寿寺项目由南苑乡成寿寺村集体经济组织以土地经营权与万科合作，万科负责所有建设成本投入，获得项目 45 年经营权，负责产品打造和服务运营；村集体享受保底收益以及经营分红。有别于高昂的土地获取成本，万科在该项目前期仅需投入建设开发成本，企业经济负担得到有效减缓；同时，保底收益与超额收益分享的形式让村集体的利益得到了保障，是多主体合作、多方受益的一次有益实践。

不过，由于集体建设用地在布局、产权、用地类型上存在一定的特殊性，在多元化主体参与集体土地租赁住房项目的背景之下，如何实现项目的有效运营和利益共享还有待讨论。目前，在实践中主要存在以下4个难点。

第一，集体建设用地供给与住房租赁需求存在区域错配问题。受我国城乡规划与土地利用规划的影响，集体建设用地分布主要以非城市核心区、城市待发展区域为主，多处于近郊区或城市边缘地带，但租住需求最高的区域往往是核心城市的核心区域，由此导致集体建设用地分布与租赁住房需求存在供需错配问题。以北京为例，虽然集体建设用地租赁住房项目供给数量较为充足，各区均有适量供给，但核心区域供给较少，供给数量、供给建筑面积最多的区域位于五环以外，仅能在一定程度上缓解现阶段市场的租赁需求。国家大力发展集体建设用地租赁住房项目的初衷在于，为租赁需求缺口大的大中城市多渠道拓宽租赁住房来源。但从长期看，供需错配问题可能引发大量集体建设用地租赁住房面临需求不足的问题，进而导致租赁住房开发企业开工积极性不足，即使开发建设完成，也可能存在房屋空置的风险。

第二，集体建设用地租赁住房项目参与主体多元化，导致产权主体身份模糊问题。原国土部、住建部发布的《试点方案》赋予了村镇集体经济组织"自行开发运营"或"联营、入股"等方式建设运营集体租赁住房的权利。实践中，村镇集体经济组织往往通过村集体成立的企业、农村股份经济合作社等代表行使相关土地权利，部分政府主导型集体租赁住房项目也存在着基层政府作为代表行使相关土地权利的情况。而根据我国法律规定，集体建设用地属于农民集体所有，村镇集体经济组织只是集体的代表，并非土地所有人本身。多元化参与主体导致产权主体的身份认定更加模糊和复杂，为决策机制和利益分配都带来了不小的挑战。

第三，集体建设用地的规划用途限制问题。2019年，新修订的《土地管理法》明确允许集体经营性建设用地入市，但限定于"土地利用总体规划、城乡规划确定为工业、商业等经营性用途，并经依法登记的集体经营性建设用地"。实践中，由于我国城乡规划历史因素的影响，集体土地的规划用途往往不甚清晰。同时，农民集体所有的土地很大部分属于宅基地，虽然《土地管理法》鼓励农村集体经济组织及其成员盘活利用闲置宅基地和闲置住宅，但是宅基地是否可以纳入《土地管理法》确定的允许入市的集体经营性建设用地范围仍存在不确定性，这对城乡规划体系和土地利用规划体系都提出了一定的挑战。

第四，村镇集体经济组织与租赁住房开发企业之间的权责划分与利益分配问题。由于集体建设用地资源的有限性，集体经济组织在议价权方面存在自身优势。在入股、联营模式之下，租赁住房开发企业负责项目的开发、建设与运营，承担项目开发建设成本；村镇集体经济组织提供土地使用权，并获得保底收益与超额经营收益，且一般还要求获得控股地位。实践中，这种模式可能引发双方权责划分不对等，导致租赁住房开发企业投资回报率低、资本回收周期长、积极性不足等问题。

（2）竞争性自持用地租赁住房项目典型案例与实践难点。

企业自持租赁住房源于2016年北京房地产调控新政策，是房地产调控的一项重要措施，也是加强租赁住房供给的一个重要途径。2016年，北京开始力推限房价、竞地价、竞自持比例的土地拍卖模式，并在土地拍卖中拍出了100%自持的比例，轰动一时。当年，万科通过现场竞拍取得了翡翠书院100%自持租赁住房项目，万科拥有70年产权。该项目位于海淀区北清路与永澄北路交汇处北1 000米处，在五环到六环之间。2018年4月，万科翡翠书院面向市场推出两种户型：一种是 90 ㎡的小三居，租金为 1.5 万元 / 月 ~1.8 万元 / 月；另一种是别墅类的叠拼户型，180 ㎡的四居室，租金为 3 万元 / 月 ~4 万元 / 月。租期长达 10 年，并要求租户一次付清全部租金。

尽管多地立即出台完善相关规定，加强管理防范房地产市场"明租实售"行为，但是通过自持方式发展租赁住房仍有很多配套问题需要解决。

第一，由售转租经营逻辑的重新梳理。从商品房销售到自持运营租赁住房，对房地产开发企业来说意味着要从传统开发的"快周转"向着住房租赁"长期主义""微盈利"转型。尤其保障性租赁住房具备民生属性，需要房地产开发企业很好地平衡经济效益和社会效益之间的关系。

第二，获取土地成本高昂且投资回报率低。房地产开发企业通过公开市场以招拍挂方式竞争性获取建设用地用于建设租赁住房，往往需要付出高昂的土地成本。以万科翡翠书院项目为例，根据公开报道，2016 年 9 月，北京挂出海淀永丰等 4 宗地，并设定合理土地上限价格，竞拍规则之一是达到土地上限价格后，转为竞报企业自持面积比例。最终，万科以 50 亿元竞得永丰产业基地 18 号地块，建设用地面积 8.35 万平方米，当天万科还与北京金地以 59 亿元竞得永丰产业基地 19 号地块，建设用地面积 8.56 万平方米。两地块均为企业 100% 自持，成为翡翠书院的用地。万科称，翡翠书院项目两宗地拿地成本高达 109 亿元，加上 50 亿元的资金成本、房屋建筑和房屋设施设备安装成本，总成本约 160 亿元。如此高昂的土地成本，一方面使得房地产开发企业利润微薄，另一方面也易催生高租金，从而将成本转嫁到租户身上。同时，由于前期土地成本和建安成本投入规模大，以及在持有期间房产税占据较大比例运营成本，经过测算，即使在现有高租金条件下，回报率仍不足 3%。租金回报周期可能远远超过 20 年甚至 30 年。

第三，商品房、租赁住房产品设计一刀切。一些房地产开发企业在产品端设计全部依托于商品住宅产品模块，忽略了运营租赁住房中一个重要的衡量标准——坪效。所谓高坪效，是指运营租赁住房期间，基于对空间的服务和管理，单坪创收做得越高，物业的经营效率也就越高，盈利能力也就越好。这直接影响着重资产退出环节，发行公募 REITs 以及后续资产管理期间收益率是否达标。租赁住房需根据项目定位进行产品定位和设计，关注并研究客群敏感点，从市场和需求倒推户型、公共配套、车位配比等，从而寻找租售平衡点。

（3）R4 用地租赁式社区典型案例与实践难点。

随着 R4 用地的陆续入市，越来越多的租赁式社区项目开工建设并开业运营。根据公开报道，张江集团拿下全国首幅 R4 地块，打造成张江纳仕国际社区。这是一个综合类、复合型社区，包含住宅区、公寓以及配套商业、创业空间等。项目分三期建设，一期定位为面向年轻白领、高阶白领等打造的中高端居住社区，后续的二期定位为面向科学家、企业家及其核心团队居住的高端居住社区，三期则定位为面向海内外青年人才的活力成长社区。

R4 用地供给本质上是政府"让渡地价"的行为。该类用地可以有效降低租赁住房的土地成本，提升租金收益率。但对地方政府而言，意味着土地出让的财政收入损失，因此在供地的持续性和区位上往往容易受限。同时，由于 R4 用地一般用于建设大型租赁式社区，大体量的租赁式社区在运营管理中对开发企业和运营机构提出了难题和挑战，主要体现在以下三个方面。

第一，大型租赁式社区的开发定位问题，包括如何合理确定客户群体、房屋户型、租金定价以及社区定位等。以上海为例，随着 R4 用地的集中释放、建设，租赁式社区接连入市，其体量巨大且遍及上海所有市区板块。如何通过合理定位，不断地吸引租户形成社区规模，保证"安居"，是现实中的痛点和难点。同时，大型租赁式社区需在建设初期就把后续拓展性开发考虑进去，以应对一个相对较长周期内的定位升级，实现可持续的运营。

第二，大型租赁社区的招租策略问题。大型租赁社区的规模体量较大，如果不能确定正确的招租策略，一旦出现长期且大量的房屋空置，对于开发企业和运营企业而言将造成极大的经营风险。在制定招租策略时，租赁式社区须考虑定位，针对目标客群采取适当营销手段。以张江纳仕国际社区为例，该社区毗邻高科技人才聚集的产业园区，区域内存在不同类型的高新技术企业以及不同层次的海内外人才。该项目营销方式与普通的青年型租赁式社区就有所不同。

第三，大型租赁社区的运营逻辑问题。对于大型租赁社区，如何打造丰富的社区业态，为租户提供有品质的生活，是开发企业与运营机构面临的课题，也是提升租户满意度、提高续租率的重要保证。例如，如何确保完成租户登记、高效响应租户需求，进而合理管控房源、缩短房屋空置期，甚至附加提供安保消防服务、现代化保洁服务、丰富的社群活动等，都需要很强的运营管理能力。而多数 R4 用地持有者往往并不擅长社区运营，需要与优秀的品牌公寓运营商合作。

存量资产盘活：闲置、低效物业改造为租赁住房

利用闲置、低效物业改造租赁住房，是除通过新建方式之外，另一扩大租赁住房供给的有效方式。2016 年 5 月颁布的《关于加快培育和发展住房租赁市场的若干意见》（国办发〔2016〕39 号）指出，允许改建房屋用于租赁。值得一提的是，在国家大力发展保障性租赁住房的背景下，目前关于存量资产改造租赁住房的相关规范和支持政策主要体现在保障性租赁住房上。

闲置、低效物业类型

2016 年 5 月，《关于加快培育和发展住房租赁市场的若干意见》

（国办发〔2016〕39号）指出："允许将现有住房按照国家和地方的住宅设计规范改造后出租，改造中不得改变原有防火分区、安全疏散和防火分隔设施，必须确保消防设施完好有效。"2020年之后，地方政策开始增加其他非居住房屋进入租赁市场，允许闲置和利用率低的办公楼和商铺改造成租赁住房。这背后的动因主要是相比于市场需求，我国非住宅类地产物业供给过剩。例如，在一线城市，许多办公楼都面临着空置率过高的问题。以深圳为例，在产业升级步伐不断加快、互联网对传统行业持续冲击下，传统工商业对空间的需求在一定程度上有所下降，部分区域商业办公等非居住用房出现空置。为盘活存量闲置非居住房屋，有必要制定针对已建成、闲置的非居住房屋改造为租赁住房的政策，优化城市空间资源配置。因此，允许非居住房屋进入住房租赁市场，可以盘活运作效率较低的非住宅不动产。

关于闲置、低效物业分类的重要依据，来源于国务院办公厅在2021年颁布的《关于加快发展保障性租赁住房的意见》（国办发〔2021〕22号，以下简写为《意见》）。《意见》第三部分的"支持政策"指出："对闲置和低效利用的商业办公、旅馆、厂房、仓储、科研教育等非居住存量房屋，经城市人民政府同意，在符合规划原则、权属不变、满足安全要求、尊重群众意愿的前提下，允许改建为保障性租赁住房；用作保障性租赁住房期间，不变更土地使用性质，不补缴土地价款。"至此，国家层面对商业办公、旅馆、厂房、仓储、科研教育等非居住存量房屋改建租赁住房给予大力支持。

除了非居住用房，对于存量居住用房改为租赁住房，各地政府也持积极态度。例如，北京市政府于2022年3月颁布的《关于加快发展保障性租赁住房的实施方案》（京政办发〔2022〕9号）规定："支持将存量住房改造、转化为保障性租赁住房。保障性住房剩余房源或其他政府闲置住房可转化为保障性租赁住房；支持专业住房租赁企业筹集社会存量住房（含农村闲置宅基地住房）改造后作为保障性租赁住房使用。"广东省政府于2021年11月颁布的《关于加快发展保障性租赁住房的实施意见》（粤府办〔2021〕39号）也指出："各地级以上市可把闲置棚改安置房、公租房、经适房等政府闲置住房用作保障性租赁住房。"由此可见，对于闲置、低效物业类型的分类，除了《意见》所指出的商业办公、旅馆、厂房、仓储、科研教育等非居住存量房屋，地方政府可根据具体情况将适用的类型范围进行扩大，包括但不限于政府闲置住房、闲置安置房和棚改房等。

在明确规定哪些闲置、低效物业可以改造成为租赁住房的同时，部分地方政府对改造条件也进行了具体规定，即在满足特定条件时才能对某类闲置、低效物业进行改造。例如，深圳市住房和建设局在2020年发布的《关于既有商业和办公用房改建为租赁住房有关事项》（征求意见稿，以下简写为《有关事项》）对可实施"商改租"的既有商业办公用房进行了限定。具体而言，该类用房需同时满足以下条件才能进行改建：（1）已办理不动产首次登记且不动产权证载用途为办公、商业。（2）不存在查封登记等限制转移登记的情形；如果存在抵押登记等他项权益的，必须同时取得所有他项权益人同意。（3）以宗地或栋为单位；不能以宗地或栋为单位的，改建的部分应当是相对独立的空间且改建后的租赁住房原则上不少于50套（间）。由此可见，地方政府对于闲置、低效物业的类型，包括改造成租赁住房的条件有着相当的决定权。

同时，通过《有关事项》和《意见》的对比可以看出，《有关事项》的主要适用范围为闲置商业和办公用房，而《意见》将适用范围扩大到了闲置和低效利用的商业办公、旅馆、厂房、仓储、科研教育等非居住存量房屋。从这一角度出发，闲置、低效物业的类型将随着实践的发展越来越具有多样性、灵活性和地域特色，而不仅仅局限于上文提到的类型。

城市更新配套支持政策

随着一线城市新增用地供应的逐年减少，新房市场开发逐渐进入徘徊阶段，北、上、广、深等大型城市率先进入存量房时代。同时，城市结构调整也带来了产业结构的重塑和人口结构的改变，以城市更新、存量升级为核心的城市更新开发模式渐成主流。在此背景下，以发展租赁市场和旧城改造为主的存量市场在政策上不断得到支持。

在中央层面，2019 年中央经济工作会议提出，"要加大城市困难群众住房保障工作，加强城市更新和存量住房改造提升，做好城镇老旧小区改造，大力发展租赁住房"。2021 年，国务院办公厅印发《关于加快发展保障性租赁住房的意见》（国办发〔2021〕22 号），也对存量房屋改造保障性租赁住房给予相应支持。

在地方层面，深圳市于 2017 年颁布了《关于加快培育和发展住房租赁市场的实施意见》（深府办规〔2017〕6 号），规定"引导'城中村'通过综合整治开展规模化租赁。各区政府至少要组织开展一项'城中村'规模化租赁试点工作"和"允许商业用房按规定改建为租赁住房"，成为较早开展改造租赁住房工作的主要城市之一。之后，在 2021 年颁布的《深圳经济特区城市更新条例》和 2022 年颁布的《深圳市住房发展"十四五"规划》中，均体现了对改造租赁住房的支持。

广州市和上海市同样将改造租赁住房的要求体现在"住房'十四五'规划"和"城市更新条例"中，对于盘活原有房产、完善租赁住房供给结构给予大力支持。北京自 2017 年发布新版城市总体规划至今，走出了一条城市更新和高质量发展的新路径。特别是 2021 年，北京密集发布的城市更新直接相关政策文件达 9 项以上，涉及支持改造租赁住房的在 4 项以上。

具体而言，以融资和财政方面的支持为例，中央和地方都加大了对改造租赁住房项目的资金支持和税收优惠。2021 年 5 月国家发展改革委颁布的《关于〈印发保障性租赁住房中央预算内投资专项管理暂行办法〉的通知》(发改投资规〔2021〕696号)对于改造的租赁住房项目予以专项资金支持。同年7月颁布的《关于加快发展保障性租赁住房的意见》(国办发〔2021〕22号)要求向改建或改造存量房屋形成非自有产权保障性租赁住房的住房租赁企业提供贷款。同年7月,在《关于完善住房租赁有关税收政策的公告》(财政部、税务总局、住房城乡建设部公告2021年第24号)中,规定了存量房屋改造成为租赁住房的税收优惠政策。

在地方层面,北京市人民政府办公厅颁布的《北京市关于加快发展保障性租赁住房的实施方案》(京政办发〔2022〕9号)支持银行业金融机构向改建、改造存量房屋形成非自有产权保障性租赁住房的住房租赁企业提供贷款。此外,北京市住建局《关于进一步推进非居住建筑改建宿舍型租赁住房有关工作的通知》(京建发〔2021〕159号)也规定:"按照中央支持我市发展住房租赁市场财政补贴资金使用要求,符合条件的改建项目可申请使用中央财政补贴资金。"《上海市中央财政支持住房租赁市场发展试点资金使用管理办法》(沪建房管联〔2020〕443号)同样对非居住存量房屋改建和转化为租赁住房项目规定了专项资金的支持。而广州市住房和城乡建设局、广州市财政局联合发布的《广州市发展住房租赁市场奖补实施办法》更是直接规定了每一平方米的改造租赁住房可获得的补贴数额,奖补规则的明确将进一步加快住房租赁市场的发展。

除了财政支持,中央和地方还出台了其他相关政策,对改建租赁住房项目的用地性质、土地价款、审批程序和租金涨幅都做出了更为细化的规定。

改造项目的实践难点

实践中,各地在利用闲置、低效物业改造租赁住房过程中进行了多类型、多维度的积极探索,为盘活存量资产提供了有效途径。在商业办公改造方面，2018年3月，龙湖收购华泾商业商务中心进行存量改造，通过设计改建长租公寓——龙湖冠寓上海华泾天街店，将利用率较低的商场重建为富有活力的青年社区，提高了存量资产的利用水平，承接了区域内产业集聚的新市民、青年人的租住需求。在城中村改造方面，朗诗寓瓜山未来社区项目是浙江省"未来社区"工程首批试点，是一个集公寓、酒店、办公、商业等业态于一体的大型综合型租赁社区，也是全国城中村改造标杆项目，产品线主要为青年公寓和高端公寓。在产业园改造方面，上海虹寓·泊寓为国企旧有机床模型厂厂房改建而成，于2019年12月正式开业。该项目是虹房集团与上海万科携手打造的首个租赁住房合作项目。项目落成后，不仅成为虹口北部工程区的科创人才居所，同时也提升了区域整体面貌，有效支撑优化区域营商环境。

相较于新建租赁住房用地，闲置存量物业普遍具有更好的项目区位，多集中于城市中心区及近郊。然而，由于闲置物业改造本身存在复杂性，实践中该类改造项目在实施过程中仍存在难点。

第一，改造项目存在建造标准限制问题。租赁住房存量改造的物业范围主要包括商业用房、工业厂房、城中村以及老旧小区等，往往涉及用地规划调整和建筑安全标准升级问题。各地对租赁住房改造通常设置较为严格的约束。尤其是商业办公改造项目，其水、电设施配置与民用住房不完全相同，在建筑完工后水、电更改难度较大，对项目的结构安全、消防设计、公共配套、符合居住要求等建筑改建标准也提出了更高的要求。

第二，改造项目存在审核手续复杂问题。租赁住房存量改造项目的审核手续往往十分烦琐，尤其是非居住建筑改建租赁住房项目，普遍面临审核手续复杂、缺乏流程指引等问题。根据北京市《关于进一步推进非居住建筑改建宿舍型租赁住房有关工作的通知》（京建发〔2021〕159号）的规定，项目实施主体需要提出项目改建方案等申请材料，经区住房城乡建设部门会同区规划部门召开联席会议进行审核通过，并满足规划、土地及相关政策要求，方可纳入政策性住房建设筹集计划，办理施工图审查、施工许可手续。实践中，各阶段改建程序更为细化，所需时间更长，审核更加严格。

第三，改造项目存在租金回报率低的问题。租赁住房存量改造项目，如果涉及结构安全、消防设计、公共配套、符合居住要求等建筑改建，通常需要投入较高的改造成本。如果存量物业所处地段、配套等条件不佳，改造后的租赁住房出租难度也较大，资金回笼时间较长，租金回报率较低，在一定程度上限制了开发商的改造动力。

第四，改造项目存在权属问题。租赁住房存量改造项目往往存在原始产权人，可能涉及原始产权人的协调拆迁、安置等事宜，处理周期可能延长。特别是对于原始产权人不能自主处置的项目，还需要产权人主管部门允许处置的意见。如存在抵押登记等他项权益的，还应当取得他项权益人对改造和转化的同意意见。由于改造后的租赁住房项目涉及的租户群体较大，如果不能妥善地处理产权承接事宜，存有法律纠纷隐患。

推进保障性租赁住房市场建设

我国住房保障工作已开展多年。"十三五"期间，各地通过棚改、公租房实现对困难家庭的兜底保障，通过政策性租赁住房、共有产权住房，不断丰富住房供应渠道，着力解决困难群体和新市民住房问题，建成了世界最大的住房保障体系[①]。然而，随着城镇化进程的加速和

---

① 资料来源："'十三五'成就巡礼"我国建成世界最大住房保障体系 [EB/OL].（2020–12–12）[2022–10–13].https://baijiahao.baidu.com/s?id=1685834991902860207&wfr=spider&for=pc.

流动人口规模的扩大，进城务工人员、新就业大学生等新市民、青年人的住房困难问题日益凸显，须加快完善以公租房、保障性租赁住房和共有产权住房为主体的住房保障体系。其中，保障性租赁住房重点解决的就是人口净流入的重点城市，主要是大中城市的新市民、青年人的住房问题。

保障性租赁住房的建设规划

2020 年 10 月，中国共产党十九届五中全会提出，扩大保障性租赁住房供给，单列租赁住房用地计划，探索利用集体建设用地和企事业单位自有闲置土地建设租赁住房，要降低租赁住房税费负担，对租金水平进行合理调控。2021 年初，《政府工作报告》强调，切实加强保障性租赁住房供给，尽最大努力帮助新市民、青年人等缓解住房困难。

在此背景下，2021 年 7 月，《关于加快发展保障性租赁住房的意见》（国办发〔2021〕22 号，以下简写为《意见》）正式发布。《意见》以习近平新时代中国特色社会主义思想为指导，全面贯彻党的十九大和十九届二中、三中、四中、五中全会精神，立足新发展阶段、贯彻新发展理念、构建新发展格局，坚持以人民为中心，坚持房子是用来住的、不是用来炒的定位，突出住房的民生属性，扩大保障性租赁住房供给，缓解住房租赁市场结构性供给不足，推动建立多主体供给、多渠道保障、租购并举的住房制度，推进以人为核心的新型城镇化，促进实现全体人民住有所居。这是从国家层面首次明确保障性租赁住房基础制度和支持政策，进一步完善了住房保障体系。保障性租赁住房成为我国住房租赁市场的"稳定器"和"压舱石"。

加快发展保障性租赁住房是为了缓解住房租赁市场结构性供给不足的问题，实现供需匹配。因此，明确保障性租赁住房的基础制度，是制定保障性租赁住房建设规划的前提。

《意见》重点明确了保障性租赁住房的 5 项基础制度。一是针对新市民、青年人等群体特点，明确保障标准，以建筑面积不超过 70 平方米的小户型为主，租金低于同地段、同品质市场租赁住房租金，准入和退出的具体条件、小户型的具体面积由城市人民政府按照保基本的原则合理确定。二是坚持供需匹配。城市人民政府根据需求，科学确定保障性租赁住房建设目标和政策措施，制订年度建设计划。三是明确地方责任，城市人民政府负主体责任，要加强对保障性租赁住房建设、出租和运营管理的全过程监督管理，省级政府负总责。四是赋予城市人民政府更多自主权，可以利用集体经营性建设用地、企事业单位自有闲置土地、产业园区配套用地和存量闲置房屋建设等，采取新建、改建、改造、租赁补贴等多种方式、多渠道筹集房源。五是充分发挥市场机制作用，引导多主体投资、多渠道供给，加快发展保障性租赁住房建设。

在完成顶层设计后，国家明确了发展保障性租赁住房的规划目标。一是明确了重点发展保障性租赁住房的城市范围；二是制订了"十四五"期间新增保障性租赁住房计划及每年完成目标计划，保证保障性租赁住房规划目标分步骤、分阶段、有节奏地实施。

2022 年年初，国家发展改革委、住房和城乡建设部等 21 个部门联合印发的《"十四五"公共服务规划》（发改社会〔2021〕1946 号）指出，人口净流入的大城市要大力发展保障性租赁住房，加大金融、土地、公共服务等政策支持力度，扩大保障性租赁住房供给。"十四五"期间，40 个重点城市初步计划新增约 650 万套（间）保障性租赁住房，预计可帮助 1 300 万新市民、青年人等缓解住房困难。

与过去公租房等住房保障模式不同的是，在保障性租赁住房的发展中，政府的作用由过去的"主导"向着"引导"方向转变，通过给予政策支持，激发出市场主体的活力，建立起"多主体投资、多渠道供给"保障性租赁住房的供应格局，进而推动住房保障主体从政府为主向政府、企业和社会力量共同参与转变，住房保障对象从户籍居民为主向常住人口均可转变。

在《意见》中提出了发展保障性租赁住房的5种主要供给渠道："利用集体经营性建设用地、企事业单位自有闲置土地、产业园区配套用地和存量闲置房屋建设，适当利用新供应国有建设用地建设，并合理配套商业服务设施。"《意见》的一个显著特点是支持利用存量土地和存量房屋发展保障性租赁住房，这是由于存量土地、存量房屋往往位于城市成熟区、产业园区或交通便利区域，发展保障性租赁住房有利于实现职住平衡。同时，《意见》赋予了城市自主权，明确人口净流入的大城市和省级人民政府确定的城市，企事业单位依法取得使用权的土地，经城市人民政府同意，在符合规划、权属不变、满足安全要求、尊重群众意愿的前提下，允许用于建设保障性租赁住房。这一特点赋予了城市更大的发展自主权，城市可根据发展定位和实际需求适当发展，没有需求的地方不能盲目建设。

这一政策的出台，为各地方盘活存量资产提供了政策指导和依据，丰富了保障性租赁住房的来源渠道，有利于纾解由于城镇化进程加快导致的新市民、青年人的住房困难局面，解决城市民生保障问题，促进"十四五"时期新型城镇化更高质量发展；有利于缓解住房租赁市场结构性供给不足，不断优化城市住房供应结构，稳定市场预期，合理释放购房需求，缓解房价上涨压力，为房地产市场平稳健康发展提供有力支撑；有利于培育和发展住房租赁企业，政府提供的土地、财税、金融等政策支持，能够降低保障性租赁住房建设和运营成本，帮助租赁企业形成资金平衡、略有盈利的可持续商业运作模式。

供给渠道的增加带动了住房租赁市场参与主体的多元化。一是在政策支持下，具备建设和运营管理保障性租赁住房能力的企业解决了审批等方面难题，构建了可持续发展的商业运作模式，实现有质量的增长。二是农村集体经济组织可通过自建或联营、入股等方式建设运营保障性租赁住房。三是自有闲置土地的企事业单位可以自建或与其他市场主体合作建设运营保障性租赁住房。一直参与或刚刚投身至住房租赁市场的房地产开发企业、城市平台公司和租赁住房专业运营机构，将在保障性租赁住房发展的各个阶段，找到适合自身发展的方向和路径，为我国住房租赁市场发展建设贡献力量。

保障性租赁住房的基础制度在设计上突出针对性、科学性、规范化和市场化。城市人民政府是发展保障性租赁住房的责任主体，一方面负有监督管理责任，另一方面则被赋予更多的自主权。城市人民政府要充分了解本地需求，匹配需求与供给，根据当地的经济社会发展水平，来确定保障能力、保障范围、保障标准。这一基础制度尊重客观规律，强调因城施策，有利于保障性租赁住房建设真正落地，可持续发展。

保障性租赁住房的相关支持政策

自 2016 年中央经济工作会议首次提出"房住不炒"，我国住房租赁市场迎来加速发展期，在积累经验和教训的同时，行业的难点和痛点也逐渐清晰。这为发展保障性租赁住房的整体设计打下了基础。2021 年，我国开展住房保障体系顶层设计时，针对保障性租赁住房提出了力度大、措施实、含金量高的政策，从土地、审批、财政补贴、减税降负、民用水电气价格、金融支持 6 个方面给予全面支持。

扩大供给与认定政策

保障性租赁住房土地支持政策包括三个显著特点。第一，多渠道增加供给，特别是闲置土地和闲置房屋的盘活利用。第二，土地成本明显降低，用于保障性租赁住房建设的集体建设土地和企事业单位自有土地不补缴土地价款，企事业单位自有的划拨土地可继续保留划拨方式；闲置房屋改建为保障性租赁住房的，不改变土地性质，不补缴土地价款；新增住宅用地中，保障性租赁住房用地可采取出让、租赁或划拨等方式供应，其中以出让或租赁方式供应的，可将保障性租赁住房租赁价格及调整方式作为出让或租赁的前置条件，允许出让价款分期收取。第三，保障性租赁住房区位优势明显，主要安排在产业园区及周边、轨道交通站点附近和城市建设重点片区等区域，引导产城人融合、人地房联动。

土地支持政策从源头上增加了保障性租赁住房的供给，降低了开发建设、改建等成本，既扩大了租赁住房企业的资产规模，也能实现略有盈利的商业模式。

保障性租赁住房的认定是享受政策支持的先决条件。发展保障性租赁住房强调从实际出发，因城施策，重点在人口净流入的大城市和省级人民政府确定的城市发展，城市人民政府是责任主体。因此，保障性租赁住房的认定政策也遵循"一城一策"的原则，由城市人民政府做好政策衔接工作，对现有政策支持的租赁住房进行梳理，符合规定的纳入保障性租赁住房规范管理，不纳入的不得享受保障性租赁住房的专门支持政策。各个城市人民政府要根据《意见》指导，出台具体的实施办法，从房源筹集、认定、准入、退出等各方面提出具体管理要求，把政策在本城市落到实处，并提出具体的实施路径。

重点发展保障性租赁住房40城陆续出台了发展保障性租赁住房的实施办法，根据各自城市特点因地制宜地提出与实际情况相符的供给渠道、支持政策、认定程序、面积及租金要求等具体内容。例如，北京在保障性租赁住房供给渠道中增加了"将存量住房改造、转化为保障性租赁住房"的内容，支持保障性住房剩余房源或其他政府闲置住房转化为保障性租赁住房；支持专业住房租赁企业筹集社会存量住房（含农村闲置宅基地住房）改造后作为保障性租赁住房使用。这一渠道的增加进一步扩充了保障性租赁住房供给，充分体现了北京落实保障性租赁住房目标、实现政府民生兜底保障的决心。

在陆续出台的各地发展保障性租赁住房实施办法中，最具共性的要求集中在房源面积和租金标准上。为了凸显"保障性"功能，保障性租赁住房的房源面积规定以不超过 70 平方米的小户型为主。其中，海南省、四川省等地的实施办法考虑了人才引进和三孩生育政策，允许适当建设少量三居室、四居室房源，满足多元化租赁需求。从租金标准看，保障性租赁住房要求租金标准按低于同地段同品质市场租赁住房评估租金执行，且年度租金涨幅不超过 5%。各省市制定的具体租金标准也体现出因城施策的特点，具体表现在租金标准的确定方式，以及租金低于市场化租金标准的幅度。例如，成都、佛山、福州等城市租金标准由政府部门发布参考价或确定；山东省、浙江省等地则是建立市场租金评估机制，由第三方专业评估机构进行评估确定。

总体来说，小户型、低租金仍是保障性租赁住房认定的主要标准。

保障性租赁住房在我国住房保障体系中首次出现，基础制度和支持政策先行，明确了其发展途径和发展方向。但在具体落地实施过程中，一城一策的探索阶段正在稳步推进，最终形成的发展成果值得期待。

扶持政策：减税降负、金融支持、资金支持

《意见》提出的 6 个方面的政策中，土地支持政策直接降低了住房租赁企业建设或改建的成本，有利于扩大保障性租赁住房的供给；执行民用水电气价格政策则减轻了保障性租赁住房保障对象的生活成本，有利于引导市场需求端租住生活方式的形成。这两项政策从供需两端相互呼应，促进了住房租赁市场的发展和繁荣。此外，简化审批流程，为符合条件的保障性租赁住房项目出具认定书，给予了保障性

租赁住房合规的身份，在立项、用地、规划、施工、消防等环节做到了有据可依，提高了保障性租赁住房投入建设和运营的效率。

对租赁住房建设运营主体而言，开发成本大、投资回收周期长、经营期间税负压力大曾是制约其规模化发展的瓶颈。2021年7月，财政部、税务总局、住房和城乡建设部联合发布了《关于完善住房租赁有关税收政策的公告》，将住房租赁企业增值税减按1.5%计算；对企事业单位、社会团体以及其他组织向个人、专业化规模化住房租赁企业出租住房的，减按4%的税率征收房产税。公告明确，保障性租赁住房比照上述两条税收政策执行。此外，《意见》再次明确了针对取得保障性租赁住房认定书的项目，政府应比照适用住房租赁增值税、房产税等税收优惠政策，免收城市基础设施配套费。同时，中央通过现有经费渠道，对符合规定的保障性租赁住房建设任务予以资金补助。

尽管减税降负减轻了住房租赁企业经营期税负压力，中央补助资金缓解了保障性租赁住房建设期的资金压力，但从根本上解决住房租赁行业投资回收期长的痛点还需要金融工具创新和金融政策的支持。《意见》明确提出进一步加强金融支持，支持银行业机构以市场化方式向保障性租赁住房自持主体提供长期贷款，在实施房地产信贷管理时予以差别化对待；支持银行业金融机构发行金融债券，募集资金用于保障性租赁住房贷款投放；支持商业保险资金按照市场化原则参与保障性租赁住房建设，为险资进入保障性租赁住房市场提供了政策依据。2021年6月，国家发展改革委发布《关于进一步做好基础设施领域不动产投资信托基金（REITs）试点工作的通知》（发改投资〔2021〕958号），将保障性租赁住房纳入公募REITs试点范围，以创新金融工具打通保障性租赁住房商业闭环，促进该行业的持续发展。2022年2月，《关于银行保险机构支持保障性租赁住房发展的指导意见》（银保监规〔2022〕5号）强调发挥各类金融机构优势，进一步加强金融支持，提供针对性金融产品和服务。同月，中国人民银行、中国银行保险监督管理委员会发布《关于保障性租赁住房有关贷款不纳入房地产贷款集中度管理的通知》（银发〔2022〕30号），明确银行业金融机构向持有保障性租赁住房项目认定书的保障性租赁住房项目发放的有关贷款不纳入房地产贷款集中度管理，为保障性租赁住房获得长期的、资金成本合理的资金支持打通了最后卡点。

金融工具的创新，进一步拓宽了重资产模式的退出渠道，彻底打通了保障性租赁住房商业逻辑的最后一个卡点，实现了"投、融、建、管、退"资产管理闭环。至此，住房租赁行业正式进入资产管理时代，保障性租赁住房成为住房租赁市场发展的主要支柱之一，住房租赁企业探索形成了"保障性租赁住房+"可持续发展新模式。

保障性租赁住房的市场监管

保障性租赁住房是我国"十四五"期间住房保障体系的发展重点，受到各省市高度重视。《意见》出台后，各省市结合本地区实际情况，陆续出台相应的具体实施意见或实施方案，相关部门配合出台一系列保障性租赁住房相关管理办法，在支持保障性租赁住房发展方面逐渐形成合力，确保切实完成保障性租赁住房发展目标。

审批流程

为加快推进保障性租赁住房项目认定工作，多省市建立了项目联审和部门联动机制并出台《保障性租赁住房项目认定办法》等文件，明确并优化审批办理流程，提高审批效率。住房和城乡建设部总结了部分地方加快发展保障性租赁住房的经验做法，形成了《发展保障性租赁住房可复制可推广经验清单》（以下简写为《可复制可推广经验清单》），供各地学习借鉴。

多地成立保障性租赁住房工作小组，联动相关部门形成长效机制。北京、武汉、成都、上海、西安、杭州、广东省、石家庄市、厦门市等地相关经验先后分两批登上《可复制可推广经验清单》。例如，武汉市成立了发展保障性租赁住房工作领导小组，由市政府主要负责人担任组长，市房管、财政、自然资源规划等17个部门和14个区的主要负责人为小组成员。成都市、区两级政府分别成立保障性租赁住房工作领导小组，研究审议有关重大事项，组织住房和城乡建设、发展和改革、财政、国资、税务等多部门联合审查保障性租赁住房建设方案，出具保障性租赁住房项目认定书，凭认定书办理相关审批手续。同时，建立住房和城乡建设、税务、水电气等部门联席会议制度和工作联动机制，凭项目认定书落实住房租赁税收优惠政策和民用水电气价格。

在审批流程方面，上海市《保障性租赁住房项目认定办法》除一般认定流程外，对符合要求的项目实施简易认定程序，材料齐全的保障性租赁住房申请项目在5个工作日内可获得《保障性租赁住房项目认定书》。部分地区根据实际情况针对存量土地和房屋建设保障性租赁住房出台相应管理文件，加速发展保障性租赁住房。

厦门市《存量非住宅类房屋临时改建为保障性租赁住房实施方案》于2021年7月1日印发后，至2021年11月底已筹集23个项目（市级8个、区级15个），房源0.94万套（间）。其中，海西股权投资中心及科技企业孵化基地3号项目是首个获得保障性租赁住房项目认定书的项目。该项目用地性质为商服用地，拟改建套数491套，以30~45平方米的小户型为主，租金价格接受政府指导，低于同地段同品质市场租赁住房租金。

合肥市印发《关于做好存量非住宅已改建租赁住房项目审核认定工作的通知》，对部分前期已改建的租赁住房项目给予6个月的窗口期，项目主体在提供结构安全性鉴定报告等材料后，可申请纳入保障性租赁住房规范管理。经过测算，合肥市将增加保障性租赁住房房源

5 000套（间）以上。

房源监管

为如期完成"十四五"期间保障性租赁住房规划目标，各省市提出切实可行的多元化筹集路径，针对政策鼓励的新供应国有建设用地、集体建设用地、企事业单位自有闲置土地、产业园区配套用地、存量闲置房屋（包含非居住和居住）等出台具有地方特色的管理办法，采取新建、非住宅改建、存量盘活等多种方式，多渠道筹集房源，帮助新市民、青年人等群体缓解阶段性住房困难。对纳入保障性租赁住房管理的项目，在各省市出台的管理办法中有明确认定期限要求，如上海规定"建设单位为产权单位的保障性租赁住房，《保障性租赁住房项目认定书》的有效期与土地使用期限一致。非产权单位实施的改建类保障性租赁住房，《保障性租赁住房项目认定书》的有效期应不超过相关租赁协议约定的租赁运营期限"。而北京则规定"《保障性租赁住房项目认定书》有效期3年，继续作为保障性租赁住房租赁运营的，期满前6个月由申请人向区住房城乡建设（房管）部门提出续期申请合同备案与管理"。

在发展保障性租赁住房政策提出前，各地已纷纷建设租赁住房监管平台，用于住房租赁的项目房源、网签合同、租金价格等内容的日常监督管理。保障性租赁住房政策推出后，多地加速新建和升级现有监管平台的工作，借助信息技术、大数据管理等数字化手段，为加快发展保障性租赁住房提供技术支持。例如济南市搭建"泉城安居信息平台"，设立了政府、金融机构、企业、个人四方端口，将住房租赁企业、新市民等信息集成大数据库，解决租赁双方信息不对称、供需不匹配和租赁房源结构不合理的问题。该平台不仅审核新市民资格，同时审核住房租赁企业资格，实现市场主体等级、保障性租赁住房核验发布、租赁合同网签备案、项目管理全流程监管。南京市对现有的租赁平台进行升级改造，开发保障性租赁住房管理模块，依托市大数据局以及"智慧房产"数据中心，将保障性租赁住房的项目认定、联合审批、建设管理、租赁服务、租金监测、信用管理、满意度管理、奖补管理等应用集合在模块中。

租金的核定与管控

低租金是保障性租赁住房区别于市场租赁住房的一个显著特点，也是让新市民、青年人"有其居""优其居"的重要保障。对"低租金"的标准，各省市在发布的保障性租赁住房实施意见或征求意见稿中均进行了细化。

各地对保障性租赁住房租金核定和管控的总体原则是依据《意见》要求，即保障性租赁住房的租金接受政府指导，租金标准按低于同地段同品质市场租赁住房评估租金执行，年度租金涨幅不超过5%。具体到租金水平和核定方式，各地的实施细则略有差异。

一是租金水平的核定。多地明确了保障性租赁住房低于同地段同品质市场租赁住房租金的幅度，幅度从5%到20%不等。根据保障性租赁住房不同产品类型，租金优惠幅度也有差异。例如，杭州规定，蓝领公寓主要解决物业服务人员、保洁、保安等外来务工人员"租房难"问题，户型设计以30平方米左右的小户型为主，租金价格不高于同类地段同等居住水平房屋市场租金的70%。二是租金核定的方式和周期。例如上海市、浙江省、福建省等省市明确保障性租赁住房租金价格的核定要委托第三方专业机构评估；河北省、海南省等省市明确由政府部门定期评估，每年发布一次。

因城施策发展保障性租赁住房

《意见》发布后，各地拉开了加快发展保障性租赁住房的大幕。

尤其是"十四五"期间重点发展保障性租赁住房的 40 个试点城市，发布发展保障性租赁住房的实施意见或"十四五"住房发展规划基本实现全覆盖。在统计各地的政策部署中，我们发现，"因城施策"这一特点充分体现在各城市出台的发展保障性租赁住房相关文件中。

我们从筹集渠道、建设标准、认定标准、租客准入标准、指标分配 5 个维度，梳理了 40 城规划发展保障性租赁住房的"因城施策"线索。

筹集渠道

《意见》中提出，"引导多主体投资、多渠道供给，坚持'谁投资、谁所有'，主要利用集体经营性建设用地、企事业单位自有闲置土地、产业园区配套用地和存量闲置房屋建设，适当利用新供应国有建设用地建设"5 种保障性租赁住房筹集渠道。在 40 城的相关政策中，大部分城市在明确筹集渠道中都包含了以上 5 种渠道，但根据各自城市特点，筹集渠道也呈现出城市特点。

第一，"集体经营性建设用地"未被全部重点城市列入筹集渠道，例如重庆、成都、福州等地未在筹集渠道中提及集体经营性建设用地。

第二，在"产业园区配套用地"方面，各城市均明确了用地面积的比例由 7% 提高至 15%，且提高部分仅用于建设宿舍型保障性租赁住房，严禁建设成套住宅。杭州、宁波两地明确了产业园区配套用地建设保障性租赁住房的主体，支持产业园区内的工业项目，以及产业园区外亩均效益（一种企业评价体系）A、B 类龙头骨干企业用地面积 50 亩以上的存量工业项目，允许配套项目建设用地比例提高。东莞鼓励存量和在建的产业园区配套宿舍纳入保障性租赁住房管理。

第三，在"适当利用新供应国有建设用地建设"方面，各城市也体现出明显的差异。例如，重庆提高中心城区住宅用地中保障性租赁住房用地供应比例；昆明明确主城区二环路以内不建设保障性租赁住房；武汉"对重点功能区内新建商品住房，经市保障性租赁住房工作领导小组同意，允许按价值相等原则，采取集中建设或者异地配建方式，落实保障性租赁住房应配建指标"。

第四，在上述 5 种渠道的基础上，部分城市提出了更多符合城市发展特点的筹集渠道。例如，北京、上海、天津、重庆等多个城市都提出"支持将存量住房改造、转化为保障性租赁住房"。存量住房的范畴包括保障性住房（公共租赁住房等）、其他政府剩余房源、国企通过各种方式获得的租赁住房等。重庆特别明确提出"新增保障性租赁住房以盘活存量为主、适当新建为辅"；深圳、南京、石家庄、合肥等城市则提出了实物配租和货币补贴两种方式。

除此之外，我们发现，在深圳市人才安居集团保障性租赁住房 REITs 项目申报材料中出现了"规模化租赁"这一房源筹集方式。除深圳外，广州也存在"规模化租赁"的筹集方式。这与两地存在较大规模"城中村"现状有关。在城市更新过程中，广、深两地鼓励支持专业化、规模化住房租赁企业整租未纳入全面改造计划的城中村以及整治类城中村住房，既有利于增加租赁住房供应量，提升城中村租住客群的居住品质，又有利于盘活存量资源，实现"职住平衡"和城镇化高质量发展。

建设标准

2021 年，住房和城乡建设部办公厅《关于集中式租赁住房建设适用标准的通知》（建办标〔2021〕19 号）将集中式租赁住房分为宿舍型和住宅型两类。该通知规定，新建宿舍型租赁住房应执行《宿舍建筑设计规范》及相关标准；改建宿舍型租赁住房应执行《宿舍建筑设计规范》或《旅馆建筑设计规范》及相关标准；住宅型租赁住房不论是新建还是改建，都应执行《住宅建筑规范》及相关标准。

该通知成为大部分重点城市保障性租赁住房的建设标准依据。

2022年3月，北京根据城市特点和住房租赁市场实际情况，发布了《北京市保障性租赁住房建设导则（试行）》（京建发〔2022〕105号，以下简称《导则》），在国家规定的住宅型、宿舍型两类租赁住房基础上，增加了"公寓型租赁住房"，具有鲜明的地域特色。同时，《导则》在选址、配套设施、停车控制指标、核定人数、居室空间构成等方面，对三类保障性租赁住房进行了细化规定。《导则》要求，"住宅型租赁住房"核定人数为2.45人/套，适配家庭型租赁客源；居室空间设计上要充分考虑家庭代际及多孩、适老性等新需求。

《广州市保障性住房及人才公寓建筑设计指引》（2022版）分别对公共租赁住房、保障性租赁住房和共有产权房的户型面积进行了规范，指出保障性租赁住房的面积区间在40~70平方米，三室一厅户型的建筑面积控制在70平方米以内。

认定标准

在认定标准上，《意见》指出，保障性租赁住房应以建筑面积70平方米以下的小户型为主，租金水平低于同地段同品质市场化租赁住房租金且年租金涨幅不超过5%。

在各重点城市制定发布相关认定标准时，基本遵循《意见》的基本要求，对新建保障性租赁住房的户型面积以"建筑面积70平方米为限"进行了规定。然而，考虑到多代际家庭、多孩家庭的需求，各地规定可少量配置较大面积户型，将限定大户型面积放宽至90平方米以下。各地对小户型占比也进行了明确，建筑面积70平方米以下的小户型占比均在70%以上，深圳、合肥、济南、青岛、成都等地规定小户型占比至少在80%以上。

在租金水平方面，各重点城市政策均符合《意见》基本要求，其中，近一半重点城市对租金"低于同地段同品质市场化租赁住房"

的比例进行了规定，基本在 80%~95%，仅呼和浩特规定保障性租赁住房租金水平低于市场租赁指导价的 70%。关于"同地段同品质市场化租赁住房"租金水平的确定，各重点城市目前遵循两种定价方式。一是由保障性租赁住房产权方或运营单位委托第三方评估机构进行评估，向主管部门备案，并定期进行重新评估。上海、杭州、南京、济南等城市以此方式确定保障性租赁住房的租金水平。二是由政府定期公布市场指导价，保障性租赁住房产权方或运营单位遵照执行。采取这种定价方式的重点城市包括厦门、佛山、南宁、海口等。

租客准入标准

保障性租赁住房主要解决符合条件的新市民、青年人等群体的住房困难。在发展的过程中，各重点城市全方位落实承租条件，在保障新市民、青年人租住需求的基础上，部分城市还进行了有针对性的规定。

北京强调"重点保障城市运行服务保障人员、新毕业大学生等群体"；石家庄、无锡、宁波、合肥、厦门、青岛、银川等城市增加了对"从事城市基本公共服务的外来务工、新就业人员"群体的保障；长沙特别强调了保障"产业工人"群体。

在申请保障性租赁住房资格上，各重点城市均明确不设收入门槛。部分城市对租客就业、社保缴纳、资产、是否享受其他住房保障政策等方面进行了进一步规定。例如，北京明确要求申请保障性租赁住房的人员在北京市内无房；上海的申请条件较北京略宽松，在本市有房但属于住房困难人员也可以申请保障性租赁住房；青岛、南昌、石家庄等地要求申请人须在本市连续缴纳社保至少 6 个月。

指标分配

各重点城市基本明确了"十四五"期间保障性租赁住房筹集目标，其中，20 个城市保障性租赁住房筹集规模在 10 万套（间）以上。

北京、上海、深圳、重庆 4 个城市的指标规模在 40 万套（间）以上；杭州、西安指标规模定在 30 万套（间）以上。

在完成保障性租赁住房指标规模分配上，长沙、西安对任务进行了更为细致的分解。长沙将 15 万套（间）的保障性租赁住房指标任务分解到区县（市）、国家级园区和部分市属国有企业。区县（市）及国家级园区筹集 120 000 套（各行政区指标略）；市属国有企业筹集 30 000 套，其中长房集团 10 000 套、市城市发展集团 10 000 套、湘江发展集团 5 000 套、市轨道交通集团 5 000 套。

《西安市"十四五"保障性租赁住房发展规划》在对保障性租赁住房需求预测的基础上，对"十四五"期间筹集 30 万套（间）房源的目标进行了多维度的详细拆解，主要体现在 5 个层面。

第一，时间任务的拆解。西安将总体目标的实现分为前期、中期和后期三个阶段，前期（2021—2022）和中期（2023—2024）将分别完成 11 万套（间）和 13 万套（间）的任务，占总任务量的 80%。

第二，房源筹集方式的拆解。西安将保障性租赁住房筹集来源具体分配为利用非住宅闲置房屋改建 2 万套（间）；企事业单位利用自有土地建设 3 万套（间）；利用产业园区配套用地建设 2 万套（间）；利用集体经营性建设用地建设 1 万套（间）；新供应国有建设用地建设 12 万套（间）；利用公租房统筹筹集 6 万套（间）；利用城棚改安置盘活 4 万套（间）。

同时，西安对土地来源也进行了详细拆解。西安市域范围内城镇存量用地包含城镇低效用地、空闲土地、企事业单位自有闲置土地及批而未供用地（20 亩以下）。其中，城镇低效用地规模占 73%，空闲土地占 17%，企事业单位自有闲置土地占 3%，市域批而未供用地（20 亩以下）占 7%。

第三，投资规模的任务拆解。根据建设计划、楼地面价格和建设成本，结合建设期内资金投入比例，"十四五"期间，西安市各主体对保障性租赁住房总投资约 1 140 亿元。

第四，区域指标的拆解。西安在详细分析人口主要流入区域、就业通勤情况和区域人口密度的基础上，根据《西安市现代产业布局规划》，并结合轨道交道规划，对各产业聚集区进行了保障性租赁住房指标的拆解。同时，根据产业聚集地所在行政区域，西安还对各行政区"十四五"期间保障性租赁住房筹集任务进行了指标分解。

第五，市场主体任务拆解。对于 30 万套（间）的保障性租赁住房筹集目标，西安联合市级平台公司和市场多主体共同完成。其中，市级平台公司建设 12 万套（间），包括市安居集团作为专营机构承担 8 万套（间），轨道、城投、水务三大市级平台公司共承担 4 万套（间）；多主体完成 18 万套（间），包括高新、西咸组织辖区各市场主体分别承担 2 万套（间），经开、港务组织辖区各市场主体分别承担 1 万套（间），其他区组织辖区各市场主体共承担 2 万套（间），社会住房租赁企业建设、改建 2 万套（间），各企事业单位建设、改建 8 万套（间）。

坚持因城施策，是贯彻党中央、国务院决策部署的体现，也是坚持实事求是，结合各城市建设、住房需求科学发展的注脚。重点发展保障性租赁住房的 40 个试点城市发布的相关政策充分体现城市人民政府对本地需求的把握，根据当地经济社会发展水平和发展阶段，通过政策调控供给以匹配需求，确保保障性租赁住房建设落地并可持续发展。

拓展阅读 案例 4-1
长沙：打通新房、二手房、租赁住房通道

2022 年 5 月 11 日，长沙印发《关于推进长沙市租赁住房多主体供给多渠道保障盘活存量房的试点实施方案》（以下简写为

《方案》)。该《方案》明确，已实现网签备案交房或已办理不动产登记的房屋业主，可以通过与住房租赁试点企业签订《长沙市盘活存量房供作租赁住房合作协议》方式，将存量房盘活作为租赁住房，运营年限不低于10年，此存量房不纳入家庭住房套数计算。

长沙是中央财政支持住房租赁市场发展试点城市，也是住建部确定的全国40个大力发展保障性租赁住房的重点城市之一。此次《方案》的发布，旨在全面打通新房、二手房、租赁住房通道，多渠道、租购并举筹集租赁住房，构建基础有保障、中端有供应、高端有市场的"三房体系"，因城施策促进行业良性循环和健康发展。

目前，长沙新建增量还不足以支撑租赁住房的房源筹集，盘活存量的形式不仅可以有效降低存量房的空置率，也能增加租赁住房供给，满足不同类型人群的租住需求，并减少政府在租赁住房配建方面的财政压力。并且，新建租赁住房从建设期到装修期都需要一定的时间，而盘活存量房房源供应的时效性较强。此外，相较于新建租赁住房，存量房大多位于市中心位置，交通和周边配套设施方面也更具优势。

不过，由于分散式租赁住房在管理上对企业要求较高，因此，长沙市政府选择了长房集团和长沙建发集团两家市属国有企业作为试点企业，来牵头推动该政策的实施。

在具体实施层面，长沙目前可供存量房业主自主选择的模式主要有两种：一种是业主自租，另一种是委托试点企业运营。如果业主登记时选择自租模式，运营企业将收取一定的服务费，用于监管期间搭建系统、勘察房屋、签订协议以及后期定期巡查房屋情况；如果选择试点企业委托运营模式，业主需与试点企业签订委托协议，按照市场化方式划分并保障双方的收益和权益，运营方收取的费用由相关部门制定合理的指导价格。

一旦房源纳入长沙市监管服务平台，其租金、押金、佣金等都要进入长沙市租赁住房监测专户进行清算，再从专户转到试点企业住房租赁监管账户，最后由试点企业打款至业主账户，以保证房源作为租赁住房的真实性，同时也利于运营企业为其提供增值服务。因此，运营企业每月会收取 50 元的服务费。如果房屋尚未出租，业主账户没有资金流水，运营企业也不会收取服务费。

尽管从登记申请租赁住房，到纳入保障性租赁住房管理仍需时日，但是长沙模式仍然提供了城市保障性租赁住房市场发展思考的新样本。

金融赋能行业发展的探索

自 2016 年年底中央经济工作会议明确"房子是用来住的、不是用来炒的"定位，到各省市"十四五"期间明确保障性租赁住房建设目标，我国已经初步形成了多主体发展保障性租赁住房的良好态势。然而，在发展过程中，保障性租赁住房普遍面临着融资渠道窄、融资成本高的问题。

为拓宽资金来源，与保障性租赁住房适配的金融利好政策接连出台，对行业发展起到极大的促进作用。表 4-1 为已发布支持金融机构进入租赁住房市场的相关政策情况。

表 4-1　已发布支持金融机构进入住房租赁市场的相关政策

时间	政策名称	主要内容
2018 年 4 月	中国证监会、住房城乡建设部关于推进住房租赁资产证券化相关工作的通知（证监发〔2018〕30 号）	对开展住房租赁资产证券化的基本条件、政策优先支持领域、资产证券化开展程序以及资产价值评估方法等做出明确规定，并计划在审核领域设立"绿色通道"
2018 年 6 月	中国银行保险监督管理委员会关于保险资金参与长租市场有关事项的通知（银保监发〔2018〕26 号）	明确要求保险公司在参与长租市场时要发挥自身优势，同时注意防范投资风险
2018 年 12 月	国家发展改革委关于支持优质企业直接融资进一步增强企业债券服务实体经济能力的通知（发改财金〔2018〕1806 号）	提出支持信用优良、经营稳健、对产业结构转型升级或区域经济发展具有引领作用的优质企业发行企业债券。支持保障性住房、租赁住房等领域的项目
2020 年 9 月	住房和城乡建设部发布《住房租赁条例（征求意见稿）》	国家支持金融机构按照风险可控、商业可持续的原则创新针对住房租赁的金融产品和服务，支持发展房地产投资信托基金，支持住房租赁企业发行企业债券、公司债券、非金融企业债务融资工具等公司信用类债券及资产支持证券，专门用于发展住房租赁业务。住房租赁企业可以依法质押住房租赁租金收益权
2020 年 12 月	中国人民银行、中国银行保险监督管理委员会关于建立银行业金融机构房地产贷款集中度管理制度的通知（银发〔2020〕322 号）	根据银行业金融机构资产规模和机构类型等因素，分 5 档设定房地产贷款集中度要求，为银行房地产贷款设置了"两道红线"。明确提出为支持住房租赁市场发展，住房租赁有关贷款暂不纳入房地产贷款占比计算，并在制定住房租赁金融业务有关意见、建立相应统计制度后，对于符合定义的住房租赁有关贷款不纳入集中度管理统计范围

时间	政策名称	主要内容
2021 年 7 月	国务院办公厅关于加快发展保障性租赁住房的意见（国办发〔2021〕22 号）	明确保障性租赁住房基础制度和支持政策，并提出要进一步加强金融支持，包括完善与保障性租赁住房相适应的贷款统计，在实施房地产信贷管理时予以差别化对待
2022 年 2 月	中国银保监会、住房和城乡建设部发布《关于银行保险机构支持保障性租赁住房发展的指导意见》	要求进一步加强对保障性租赁住房建设运营的金融支持。以市场化方式向保障性租赁住房自持主体提供长期贷款，稳妥做好对非自有产权保障性租赁住房租赁企业的金融支持，探索符合保障性租赁住房特点的担保方式，提供多样化金融服务

在一系列政策的促进推动下，2018 年以来，以银行、保险公司、信托公司等为代表的金融机构开始进入住房租赁市场，尝试在传统业务之外开拓一片新天地。

银行提供主流金融支持

从全球住房租赁行业实践来看，银行多以信贷形式为租赁住房供应主体提供资金支持。根据美联储统计，2021 年美国住房租赁市场的借款来源中，35.12% 为银行渠道。银行不仅可以向住房租赁开发商和运营商提供补贴贷款，为购买、建造或修复物业提供资金，而且对于保障性租赁住房（affordable housing）还可以以低于市场利率预付款的折扣预付款和备用信用证形式提供资金，用于购买、开发或修复物业。

我国自 2017 年以来，已有国家开发银行为代表的政策性银行，以及工商银行、建设银行、农业银行、中国银行、交通银行国有五大行和中信银行、浦发银行、兴业银行、光大银行等多家商业银行进入住房租赁市场。

从参与内容来看，国家开发银行主要是在依法合规、风险可控的前提下，加大对保障性租赁住房项目中长期信贷支持力度。例如，国开行贵州省分行充分利用存量房屋改造为保障性租赁住房成本低的优势，有效解决保障性租赁住房类项目现金流难以平衡的问题，2022年上半年发放贷款2.4亿元支持贵阳国家高新区保障性租赁住房项目建设，为高新区企业引进人才缓解住房困难。

商业银行多将重点放在为住房租赁供求双方提供融资授信业务上，提供金融支持是主流方向。从租赁住房的供给端来看，商业银行根据住房租赁市场参与主体（主要涉及租赁住房开发建设方、土地及物业产权方、运营管理方、物业承租方、信息服务方等）的不同特点，提供额度不同、类型不同的融资支持，覆盖从开发建设、运营管理、存量资产盘活到退出等全生命周期环节。融资类型主要包括租赁住房开发贷款、租赁住房建设贷款、租赁住房运营贷款、租赁住房资产证券化产品、租赁住房产业基金等。例如，工商银行为租赁住房建设主体推出"租赁住房开发贷款"，融资金额可达项目总投资的80%，期限可达25年；为个人的物业承租者推出"个人租赁住房贷款"，融资金额可达100万元，期限可达10年。从租赁住房的需求端来看，商业银行主要面向租客提供个人租赁住房贷款。

作为国内最早一批参与市场建设的国有大型商业银行，建设银行发挥在住房领域的专业优势、品牌优势和技术优势，主动承担起住房租赁市场推动者和服务者的角色，初步形成了一套可复制、可推广、可持续的市场化、体系化专业服务模式。2022年9月23日，建设银行发布公告称，为加快发展住房租赁市场，增加保障性租赁住房供给，建行拟出资设立住房租赁基金，募集规模为人民币300亿元。其中，建行认缴人民币 299.99 亿元，该行子公司建信信托有限责任公司下属的全资子公司认缴人民币 0.01 亿元。该基金的目标定位及投向是通过投资房企存量资产，改造为租赁住房，增加市场化长租房和保障性租赁住房供给，探索租购并举的房地产发展新模式。

保险公司具备产业链布局可行性

住房租赁属于民生行业，行业利润虽然微薄，但作为拥有较稳定租金收入的不动产资产，与保险资金规模大、期限长、较为稳定的风险收益特征较为契合。保险机构在住房租赁行业不仅可以通过险资以股权形式重资产投资租赁住房项目，匹配银行低息长期贷款，在持有期间取得长期稳定的租金回报，而且能在退出时取得可观的资产增值收益，反向驱动保险负债良性增长。同时，住房租赁作为持有运营型业态，在开发和运营期间需要保险公司提供财产保险、经营保险等产品服务。因此，保险公司具备产业链布局的可行性。

从国际市场来看，以美国、欧洲、日本为例，在全球政策利率水平持续低位的环境下，以固定收益类资产为主的保险资产投资回报率长期内存在下降压力，相对较高且持续稳定的租赁住房收益率对保险资金具备一定的吸引力。从保险公司参与住房租赁市场的方式来看，主要包含两大类。一是人寿保险公司提供长期贷款。以美国为例，美国人寿保险公司倾向于将贷款限制在少数一级市场和高质量、城市更新类型的租赁住房物业上，贷款期限通常不超过 10 年。再以日本为例，住房租赁上市企业如 Nippon Accommodations Fund Inc.，其 9.8% 的长期贷款来自保险公司。从寿险资金的特性来看，其负债久期可长达数十年。因此，寿险资金对投资流动性的要求较低，偏好长期收益稳定类资产。二是保险公司投资 REITs。以美国为例，根据美国房地产投资信托协会统计，美国租赁住房 REITs 的投资者构成中，保险及养老金占比达 10.9%。再如，Advance Residence Investment Corporation 作为日本发行规模最大的租赁住房 REITs 企业，保险公司占其金融机构类 REITs 投资者的比重为 5.2%。租赁住房 REITs 产品收益的长期性和稳定性非常符合保险机构投资者的投资偏好。

2018 年，我国银保监会发布了《关于保险资金参与长租市场有关事项的通知》(银保监发〔2018〕26 号)，规定了保险公司可以通过直接投资，保险资产管理机构可以通过发起设立债权投资计划、股权投资计划、资产支持计划、保险私募基金参与长租市场。中国平安、中再资本管理有限责任公司等险资企业纷纷进入市场。中国平安在 2018 年通过股权投资方式参与了朗诗寓上海森兰店项目，随后于同年发行了"平安汇通 – 平安不动产朗诗租赁住房系列资产支持专项计划"；平安不动产于 2019 年与旭辉瓴寓达成合作，为旭辉瓴寓提供资金运作、资产证券化等一揽子金融解决方案。中再资本管理有限责任公司也于 2018 年通过保险私募基金投资参与了租赁住房项目。

目前，保险资金可以覆盖租赁住房的投资收购、开发改造、运营管理、资产证券化产品的发行及退出等各环节。在我国三只上市发行的保障性租赁住房 REITs 中，保险机构成为公募 REITs 产品的战略投资机构。例如，工银安盛人寿保险有限公司、国寿投资保险资产管理有限公司为中金厦门安居 REIT 的前十大持有人。此外，保险机构也可以为保障性租赁住房建设、运营等环节提供财产损失、民事责任、人身意外伤害等风险保障。

信托公司创新业务拓展模式

近年来，信托基金面临房地产信托业务转型的重大压力。随着住房租赁行业利好政策的释放，信托公司目前正在不断加码住房租赁市场。然而，由于信托公司缺乏资金端成本优势，除非与险资结合，否则无法通过传统的信贷模式介入住房租赁行业。因此，结合行业特点，创新业务模式成为信托公司进入住房租赁行业的关键。

从过往实践案例中可以看出，自2016年开始，部分信托公司开始进入住房租赁行业，业务模式归纳起来有以下几种：一是通过股权投资或者"股权+债权"的形式投资住房租赁企业，既包括对运营企业的股权投资，如中航信托在2016年投资魔方生活服务集团，又包括对重资产模式的租赁住房开发企业的股权投资；二是与住房租赁运营企业共同设立私募基金，信托公司可以通过设置结构化模式，引入保险资金作为优先级LP（有限合伙人），信托公司设立信托计划作为中间级，并以自有资金参与劣后级，最终通过项目转让或出售实现退出；三是设计供应链信托业务模式，针对存量改造类型的租赁住房，为运营企业提供融资服务。

值得一提的是，为进一步促进各类信托业务在规范发展的基础上积极创新，2022年4月发布的《关于调整信托业务分类有关事项的通知（征求意见稿）》将信托业务划分为资产管理信托、资产服务信托、公益/慈善信托三大类。其中，资产管理信托、资产服务信托两大业务类型都较为适合住房租赁行业。

此外，信托公司也成为保障性租赁住房REITs产品的战略投资人。例如，建信信托有限责任公司在首批发行的三只保障性租赁住房公募REITs产品中均为前十大持有人。

其他金融机构多角色参与

从2017年开始，以券商、公募基金为代表的金融机构，开始进入住房租赁市场，运用租赁住房资产证券化、租赁住房产业基金等产品为住房租赁市场提供创新金融服务，推动住房租赁市场发展。根据

ICCRA 统计，截至 2022 年 3 月 31 日，与住房租赁相关的类 REITs 等项目已发行 20 只。券商、信托机构主要以计划管理人、契约式私募基金管理人的角色参与租赁住房资产证券化业务。

此外，自 2021 年《关于进一步做好基础设施领域不动产投资信托基金（REITs）试点工作的通知》（发改投资〔2021〕958 号）发布以来，保障性租赁住房公募 REITs 项目的筹备与发行也开始提速。对于保障性租赁住房公募 REITs 业务，增加了公募基金管理人，以及有保荐资格的证券公司（作为财务顾问）的角色，进一步为券商和公募基金参与行业发展创造了条件。同时，从首批发行的三只保障性租赁住房公募 REITs 产品来看，券商和公募基金均为战略持有人。

从国内金融机构在住房租赁市场的实践可以看到，短时期内由于行业尚在发展初期，加强金融机构服务住房租赁市场还面临一些制约因素。一是金融机构对投资回报率是有要求的，需达到 4% 以上的收益率，但目前行业收益率普遍不足。二是行业整体规模太小，与险资等大额投资量级的金融机构匹配度不足。从中长期来看，随着政策扶持力度的不断加大，"十四五"期间保障性租赁住房供给目标的加紧落实，行业将逐步走向规模化、专业化，市场也将迎来快速增长期。同时，保障性租赁住房 REITs 已经启航，其规定的分红水平门槛不低于 4%，能够加速住房租赁运营管理机构进行更为"降本增益"的精益化管理，有助于提升行业普遍收益率。

未来，预计金融机构以直接投资形式参与住房租赁市场建设与发展的比例将不断提高。同时，通过深刻理解行业特点，从产业链布局角度切入市场发展也将成为更多金融机构的选择。值得注意的是，以提供信贷资金为代表的金融机构，要科学合理测算保障性租赁住房项目的投入、收益和现金流，合规适度提供融资；同时，落实贷款支付、用途管理和资金安全。

拓展阅读 案例 4-2

建信住房：构建住房租赁资金、客户、产品经营闭环

2017 年，在坚持房住不炒、加快推进租购并举的政策导向下，随着中国城镇化进程进入全新阶段，建设银行基于住房租赁行业发展前景和市场潜力，将发展住房租赁业务列为三大战略之一，成立了国内首家银行系住房服务公司——建信住房服务有限责任公司，并打造了"CCB 建融家园"特色品牌，包含住房租赁综合服务平台、"CCB 建融家园"品牌社区等服务渠道和平台。建设银行充分发挥金融助力住房租赁发展的角色作用，探索市场化手段发展住房租赁业务，助力住房租赁市场健康发展。

建信住房的业务范围主要包括三个方面：存房业务、平台业务和资产管理业务。

"存房"业务是建信住房开展住房租赁业务的开端。所谓"存房"，即由建设银行提供信贷资金，支持建信住房从企事业和居民手中租入长期稳定的存量闲置房源，依托建信住房牵头建立的产业联盟控制成本，再委托专业化、规模化机构运营。"存房"的渠道主要来源于开发商自持资产，企事业闲置资产，市场化工改租、商改租以及个人持有住房等。

除了房源获取的渠道多元化，基于建设银行的品牌影响力和优质客户的信任与认可，建信住房在包租存量的成本上也颇具优势。"CCB 建融家园"集中式社区前期通过整体包租获得长期租赁经营权，提供安全、温馨、品质、绿色的住房租赁解决方案。截至 2022 年 5 月底，建信住房累计房源签约超过 10 万间，服务租客超过 40 万人。

在发展集中式"存房"的同时，建信住房通过分散式"存房"模式管理的房源超过 7 万间,主要分布在北京、上海、广州、深圳、重庆、雄安、南京、杭州、武汉、厦门 10 个城市。

借助科技手段,建信住房持续打造完善住房租赁金融综合服务平台,贯通建设银行房源、资金、信息、产品,解决供需错配等问题。2022 年 4 月,建信住房发布了企业级标准 SaaS 服务和开放平台服务两款平台产品。新产品以"CCB 建融家园"为载体,连接住房供给端(租赁企业、中介机构和个人房东)和住房需求端(租客),通过 App、微信公众号、小程序和网站等多渠道,联动租赁市场上下游产业链。其中,企业级标准 SaaS 服务是专为无自建系统的中小住房租赁企业提供的一个通用的、轻量级的、简单易用、功能完善的 SaaS 场景平台;而开放平台服务主要面向大型租赁企业、中介机构以及平台型企业和 SaaS 服务商,可实现"一键发房 + 数据同步"等服务。

建信住房的资产管理业务主要围绕存量改造开展。具体而言,建信住房通过收购当前租金收益较好或增长潜力较大的租赁资产,发挥专业运营管理经验,提升项目运营收益和资产价值,并拟通过 REITs 等渠道实现退出,从而使业务由重转轻。

发展 4 年多时间,建信住房构建了住房租赁生态圈,为全产业链提供精准服务。面向政府端,政府及相关部门通过法规促进住房租赁积极合规发展;建信住房提供住房租赁监管服务系统、监测分析系统、公租房管理系统,供有关地区政府使用,促进政务发展,提高政务效率。面向企业端,建信住房与房源提供方以及住房租赁企业等供应链之间呈现出相互依存的关系,既可以协助企业盘活闲置房源,又可以在建信住房平台上进行全流程经营,提升风险管控能力。面向消费端,建信住房为租客日常吃住行等生活场景提供全面帮助，通过高频的服务提高便民服务水平。

以租赁服务链条为核心，建信住房还构建了产业新生态租赁，将住房租赁与交通、教育、医疗、养老、社区服务等相联结，并结合地域特点和客群需求，创新支持保障性租赁住房建设，逐步形成更贴合特定人群和城市发展需要的"住房租赁+"模式。

总之，建信住房瞄准住房租赁市场的痛点精准发力，以金融科技为出发点，整合社会需求，打造住房租赁综合服务方案，推动形成市场作用与政府管理有机统一的规范高效的住房租赁体系。最终，以住房租赁生态圈为核心，不断辐射多个产业和领域，形成一个满足各个场景需求的综合化金融服务生态系统。

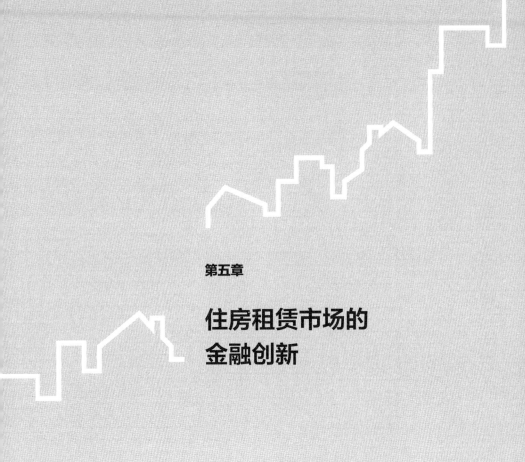

第五章

住房租赁市场的
金融创新

租赁住房资产作为一类需要统一运营管理的持有型不动产，与仓储物流、产业园区乃至商业不动产行业在投融资逻辑方面具有近似特征：前期投资规模大，投资回收周期长，长期高度依赖债务融资将对产业方造成较大财务报表压力。对于此类行业，不动产投资信托基金（REITs）是一种与之天然匹配的创新金融工具，可以有效促进投融资模式转型升级，助力相关行业可持续发展。

　　REITs 最早诞生于 20 世纪 60 年代的美国。截至 2022 年 2 月，全球共有 44 个国家和地区出台了 REITs 制度，全球公募 REITs 市场的总市值约为 2.34 万亿美元。经过 60 余年发展，全球 REITs 市场逐步形成了较为丰富的资产品类体系，在促进住房租赁行业发展方面更是起到了重要的推动作用。以美国为例，截至 2022 年 2 月，共有 21 只租赁住房 REITs 公开上市发行，总市值近 2 400 亿美元，约占全美 REITs 总市值的 15%。

　　正是由于 REITs 对住房租赁乃至各类持有型不动产行业的重要作用，我国早在 2010 年以前就开始探索 REITs 领域的相关理论与实践问题。自 2014 年开始，"类 REITs"产品领域率先实现突破。接着，在产品技术、资产品类、市场环境、政策体系等各方面进行充分准备和酝酿的基础上，我国于 2021 年成功推出了首批基础设施 REITs 产品。2022 年 8 月 31 日，首批三只保障性租赁住房 REITs 上市，公募 REITs 成为解决保障性租赁住房资金瓶颈的重要工具之一。

住房租赁市场类 REITs 实践

租赁住房资产是我国最早探讨 REITs 可行性的资产类型之一。2010 年 6 月，为促进房地产市场平稳健康发展，住房和城乡建设部等 7 部门联合发布《关于加快发展公共租赁住房的指导意见》(建保〔2010〕87 号)，提出"探索运用保险资金、信托资金和房地产信托投资基金拓展公共租赁住房融资渠道"，国家部委层面首次明确提出通过 REITs 为发展公共租赁住房提供支持。

一直以来，中国的监管部门、研究机构以及各市场主体在租赁住房证券化方面不断探索创新，在暂未推出公募 REITs 产品前，率先发展了租赁住房类 REITs 市场。相关产品设计、法律法规及配套基础设施不断积累完善，也为租赁住房公募 REITs 的推出奠定了坚实基础。

类 REITs 政策体系

2014 年，深交所推出全国首只类 REITs "中信启航专项资产管理计划"。该产品在资产重组、交易流程、产品结构、流动性安排、退出机制等方面做出了突破性的探索，为后续类 REITs 产品的推出提供了借鉴。自此以后，我国交易所类 REITs 市场快速发展。

2016 年 6 月，《关于加快培育和发展住房租赁市场的若干意见》(国办发〔2016〕39 号) 正式对外发布，支持符合条件的住房租赁企业发行不动产证券化产品，稳步推进房地产投资信托基金试点。随后，各地配套出台了一系列鼓励和规范住房租赁市场的政策，着力提高住房租赁企业规模化、集约化、专业化水平。

2016年10月，国务院发布《关于积极稳妥降低企业杠杆率的意见》(国发〔2016〕54号)，明确提出支持房地产企业通过发展房地产投资信托基金向轻资产经营模式转型。2017年7月，住房和城乡建设部、国家发展和改革委员会等9部委印发《关于在人口净流入的大中城市加快发展住房租赁市场的通知》(建房〔2017〕153号)，以广州、深圳、南京等12个城市为首批试点城市，进一步强调培育机构化、规模化住房租赁企业，鼓励地方政府出台优惠政策，积极支持并推动发展房地产投资信托基金，加快发展住房租赁市场。2018年4月，证监会、住房和城乡建设部联合发布《关于推进住房租赁资产证券化相关工作的通知》，重点支持住房租赁企业发行以其持有的不动产物业作为底层资产的权益类资产证券化产品，积极推动多类型具有债权性质的资产证券化产品，试点发行房地产投资信托基金。十九大报告指出，坚持"房子是用来住的，不是用来炒的"定位，加快建立多主体供给、多渠道保障、租购并举的住房制度，让全体人民住有所居。

住房租赁市场的发展为REITs提供了大量优质的底层资产。在政策支持力度不断加强的背景下，住房租赁企业纷纷在类REITs领域不断尝试，为国内公募REITs试点积累了经验。

截至2021年年底，我国共发行类REITs 104只，发行规模达1970.27亿元。图5-1为2014年以来类REITs的发行情况，其中2019年为历年最高，共发行25只，发行规模434.5亿元。2020年以来，市场参与机构对基础设施公募REITs试点给予更多关注，加之新冠肺炎疫情影响及房地产调控新政策推出，类REITs无论发行规模还是发行数量均有所下降。

类REITs原始权益人涉及的行业分布广泛，如图5-2所示，截至2021年年底，房地产企业是最重要的行业参与主体，作为原始权益人的占比为40.65%；其次，21.04%的原始权益人行业背景为商业零售；金融企业占 20.41%。

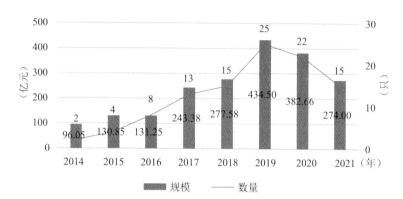

图 5-1 2014 年以来类 REITs 发行情况

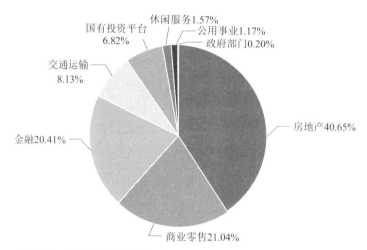

图 5-2 原始权益人所处行业发行规模占比（截至 2021 年年底）

类 REITs 持有物业类型主要包括写字楼、购物中心、零售门店、租赁住房、酒店，以及高速公路、仓储物流等基础设施。排名前三位的是购物中心、写字楼、租赁住房，如图 5-3 所示，占比分别为 46.00%、17.76%、13.28%。2018 年以来，基于政策层面对租赁住房类 REITs 的支持，租赁住房成为重要的交易所类 REITs 资产类型。其中，2018 年租赁住房类 REITs 占全部类 REITs 发行规模的比例为 37.76%。

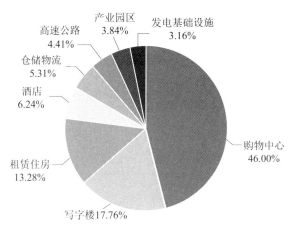

图 5-3　类 REITs 底层物业资产类型发行金额占比（截至 2021 年年底）

租赁住房类 REITs 实践

"新派公寓权益型房托资产支持专项计划"是我国第一只租赁住房权益型类 REITs 产品，于 2017 年 11 月发行。截至 2022 年 3 月底，我国共有 20 只租赁住房类 REITs 产品发行成功，发行规模合计 261.06 亿元。

2017 年 11 月，"新派公寓权益型房托资产支持专项计划"发行，总规模 2.7 亿元，期限为 5 年。其中优先级规模 1.3 亿元，占比 48%，发行利率为 5.3%；权益级规模 1.4 亿元，占比 52%。该产品拓宽了国内 REITs 产品的基础资产范围，为国内租赁住房持有企业提供了"品牌化租赁运营 +REITs 退出"的全新商业运作模式。

2018 年 3 月，保利地产以自持租赁住房发行国内首单央企租赁住房类 REITs。该产品获批储架额度 50 亿元,优先级规模占比 90%,其中第一期产品发行规模 17.17 亿元,产品期限为 18 年,每 3 年设置一次开放期。该产品的推出,积极响应"房住不炒",为房地产企业在租赁住房业务领域通过资本市场实现轻资产运营和重资产持有的分离提供了良好示范。同时,该产品创新性地设置了储架发行机制,一次核准、多次发行,在资产证券化制度框架内间接实现了公募 REITs 的扩募功能,对国内租赁住房类 REITs 市场产生了积极深远的影响,后续大部分租赁住房类 REITs 产品均通过储架方式发行。

2021 年 8 月,"国开–北京保障房中心公租房资产支持专项计划"成功发行,产品总规模 4 亿元,其中优先级规模 3.8 亿元,次级规模 0.2 亿元。该产品是国内首只公共租赁住房类 REITs 产品,开启了公租房类 REITs 的新篇章。

从租赁住房类 REITs 产品的发行情况来看,发行方以国企及房地产行业龙头企业为主,资产来源多为自开发项目或并购项目,主要分布于京津冀、长三角和珠三角核心一线城市及二线城市核心地段,如表 5-1 所示。

表 5-1　已发行类 REITs 产品情况(截至 2022 年年初)

编号	产品名称	发起人	发行规模(亿元)	发行日
1	国开–北京保障房中心公租房资产支持专项计划	北京市保障性住房建设投资中心	4.00	2021/8/25
2	申万宏源–招商蛇口–泰格明华资产支持专项计划	招商局蛇口工业区控股股份有限公司	41.50	2020/12/2
3	中联前海开源–华发租赁住房一号第三期资产支持专项计划	珠海华发实业股份有限公司	23.07	2020/11/3
4	平安汇通–平安不动产朗诗租赁住房 2 期资产支持专项计划	平安不动产有限公司	3.26	2020/5/28

（续表）

编号	产品名称	发起人	发行规模（亿元）	发行日
5	中联开源－科学城大湾区租赁住房第一期资产支持专项计划	科学城（广州）投资集团有限公司	10.10	2020/4/24
6	中联前海开源－华发住房租赁一号第二期资产支持专项计划	珠海华发实业股份有限公司	11.29	2019/12/10
7	中联前海开源－中集产城产业园一号第一期资产支持专项计划	深圳市中集产城发展集团有限公司	3.96	2019/12/11
8	中联前海开源－华侨城住房租赁一号第一期资产支持专项计划	华侨城（上海）置地有限公司	21.50	2019/9/18
9	中联前海开源－华发住房租赁一号第一期资产支持专项计划	珠海华发实业股份有限公司	15.48	2019/3/27
10	海南省人才住房租赁第一期资产支持专项计划	海南省发展控股有限公司	8.70	2019/3/26
11	平安汇通－平安不动产朗诗住房租赁1期资产支持专项计划	平安不动产有限公司	10.68	2019/3/13
12	中联前海开源－恒大住房租赁一号第一期资产支持专项计划	恒大地产集团有限公司	11.80	2018/12/29
13	深创投安居集团人才住房租赁第一期资产支持专项计划	深圳市人才安居集团有限公司	31.00	2018/11/7
14	中信证券－阳光城长租公寓1号资产支持专项计划	阳光城集团股份有限公司	12.10	2018/9/19
15	中信证券－泰禾集团慕盛长租公寓1号资产支持专项计划	慕盛（北京）公寓管理有限公司	8.11	2018/9/7
16	中联前海开源－越秀住房租赁一号第一期资产支持专项计划	广州越秀集团有限公司	4.97	2018/8/10
17	高和晨曦－中信证券－领昱1号资产支持专项计划	上海领昱公寓管理有限公司	2.50	2018/6/21
18	中联前海开源－碧桂园住房租赁一号第一期资产支持专项计划	碧桂园控股有限公司	17.17	2018/4/27
19	中联前海开源－保利地产住房租赁一号第一期资产支持专项计划	保利房地产（集团）股份有限公司	17.17	2018/3/13
20	新派公寓权益型房托资产支持专项计划	洋部落（北京）企业管理咨询有限公司	2.70	2017/11/3

租赁住房类 REITs 操作流程及重点问题

我国租赁住房类 REITs 产品以资产支持专项计划为载体，主要在沪深证券交易所以非公开方式发行，通常采用"资产支持专项计划 – 私募基金 – 项目公司"三层架构，如图 5-4 所示。该架构即资产支持专项计划持有私募基金份额，私募基金通过持有项目公司全部股权及债权的形式，间接持有底层租赁住房资产。

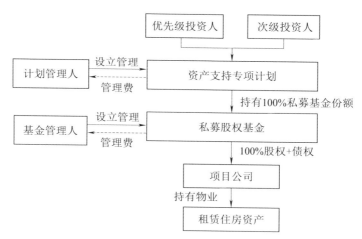

图 5-4　租赁住房类 REITs 交易结构

在过往实践中，以预先设立的契约型私募基金作为直接持有项目公司股权的法律载体，并将私募基金份额作为专项计划的"基础资产"，在实操层面有助于类 REITs 产品架构的顺利搭建。不过，目前已发行的基础设施公募 REITs 已实现由专项计划直接持有项目公司股权的操作路径。

租赁住房类 REITs 发展过程中面临以下三个重点问题。

一是资产重组方面的问题。与租赁住房 CMBS 及租金收益权 ABS 等产品相比，租赁住房类 REITs 的产品设计前提基于项目公司持有底层租赁住房资产。在实践中，可能存在持有资产主体还存在其他类别资产，首先需要对标的物业资产进行资产重组。

目前，国内没有出台针对类REITs税收等方面的专门规定，故在进行资产重组过程中，需要充分考虑项目公司现存负债及其持有资产等情况，通过交易结构的设计持有底层资产。产品设立阶段，资产重组主要包括资产剥离和收购股权两个阶段。资产剥离阶段涉及税种主要包含土地增值税、增值税、所得税、契税、印花税等，主要通过分立、划转、出资新设等重组方式进行税务筹划；股权收购阶段涉及税种主要包含所得税、印花税等；专项计划存续期内，一般通过搭建股债结构的方式形成"税盾"，一定程度上实现所得税税前扣除。

二是资金募集方面的问题。租赁住房类REITs产品受限于资产支持专项计划形式的限制，通过非公开渠道向合格投资者募集资金，投资人数不超过200人，主要通过大宗交易平台进行交易，最低门槛100万元，较信用债等公开市场融资工具流动性偏弱。

现阶段，租赁住房类REITs仍体现强债性商业逻辑，次级份额通常由原始权益人及关联方自持；优先级份额一般由强主体提供增信，属于稳定性强、安全性高的金融资产，投资人主要为银行、理财、券商自营等固定收益投资人。

三是出表安排方面的问题。所谓出表，就是企业将一些资产（包括子公司、贷款、衍生工具等）及相关负债置于自身合并财务报表范围之外，以降低公司债务与资本比率。租赁住房类REITs产品结构中，原始权益人将项目公司股权转让给专项计划，因此可通过一定的交易结构设计实现资产出表，降低原始权益人资产负债率。

《企业会计准则第33号——合并财务报表》第七条规定，对于合并财务报表的合并范围应以"控制"为基础核心予以认定。在该条规定中，对于"控制"的定义是指"投资方拥有对被投资方的权力，通过参与被投资方的相关活动而享有可变回报，并且有能力运用对被投资方的权力影响其回报金额"。会计机构在对交易条款的出表判定中，主要考量对物业资产现金流直接或间接的控制关系，以及风险报酬的对应关系，同时考量整体交易结构安排的商业逻辑及权利义务关系。交易条款中次级份额持有人、资产服务安排、售后回租、优先收购权、增信安排等机制，是影响出表判定的重要标准。

人行版租赁住房 REITs 介绍

2019 年年初，中国人民银行探索开展房地产投资信托基金试点工作，由申请人向人民银行提交申报材料，人民银行对 REITs 进行资格认定，并在北京金融资产交易所进行登记挂牌。

2020 年 1 月 7 日，北金所发布《北京金融资产交易所住房租赁企业股权交易服务指引（试行）》《北京金融资产交易所住房租赁企业股权交易服务信息披露规程（试行）》《北京金融资产交易所住房租赁企业股权交易服务信息记载规程（试行）》《北京金融资产交易所住房租赁企业股权交易服务转让交易规程（试行）》等配套制度，推出面向住房租赁企业的股权交易服务，从政策制度层面对"人行版 REITs"进行完善。

人行版 REITs 在中国人民银行指导下，参照国外成熟的公司型 REITs 模式推出，试点初期专项支持住房租赁领域。就基本原则而言，人行版 REITs 要求住房租赁企业 80% 以上资产投资于租赁住房项目，80% 以上的收入来源于租赁住房项目，90% 以上收益定期向住房租赁企业股东分配。被认定为"人行版 REITs"后，住房租赁企业可通过开发贷款、经营性贷款及各类债券等工具进行融资，资产负债率不得超过 80%。

人行版 REITs 仍属于私募产品，从已经挂牌的产品来看，产品的流动性相对较低，整体推进不及预期，市场规模较小。不过，与我国现有的不动产证券化融资工具对比，人行版 REITs 采用公司型 REITs 模式，在制度规范、交易架构、权益属性等方面实现对租赁住房类 REITs 的突破与创新，也为国内基础设施公募 REITs 的推出进行了有益探索。

首批试点项目选取位于北京、上海、苏州、无锡 4 个城市的优质资产，涵盖租赁住房用地、商服用地、集体用地及商业住宅用地等多种土地类型，如表 5-2 所示。不同于国外公募 REITs 入池资产主要为运营成熟的租赁住房资产，人行版 REITs 还涉及待建、在建项目，具有全面代表性。2020 年 7 月 1 日，北京建信瑞居物业服务有限公司顺利完成股权转让交易，标志着人行版 REITs 步入正轨。

表 5-2　北金所首批信息披露的住房租赁企业名单

企业名称	项目所在地	项目协调人
北京汇瀛万恒房地产开发有限公司	北京	中国建设银行股份有限公司 中信金石基金管理有限公司 中信证券股份有限公司
上海孚茸置业有限公司	上海	中联前源不动产基金管理有限公司
苏州工业园区公租房管理有限公司	苏州	苏州元联投资基金管理有限公司
北京建信瑞居物业服务有限公司	无锡	中国建设银行股份有限公司

2020 年年底至今，陆续有北京建信瑞建物业服务有限公司、北京建信瑞善物业服务有限公司、成都市融园祥实业有限公司、北京蓝海创盈城镇建设开发有限责任公司 4 家公司在北金所挂牌。

租赁住房类 REITs 展望

纵观我国租赁住房类 REITs 实践，其主要从产品属性和产品结构上对公募 REITs 进行了有益探索，为公募 REITs 推出积累了经验，创造了市场环境，培育和吸引了更广泛的投资者群体，从而打下了坚实的基础。

首先，形成了较为成熟的产品结构。租赁住房类 REITs 通过资产支持专项计划搭设私募股权投资基金，收购持有资产的项目公司股权，为发行公募 REITs 的重组步骤提供了宝贵的实践经验，对产品结构中产品分层、储架发行、运营管理、出表机制等进行了多维度创新完善，为基础设施公募 REITs 的推出提供了一种经过市场检验的产品结构。

其次，为基础设施公募 REITs 参与主体积累了经验。类 REITs 参与主体众多，包括原始权益人、资产支持证券管理人、私募基金管理人、运营管理机构、托监管银行、财务顾问、律师事务所、会计师事务所、评估机构、税务机构、评级机构等，除公募基金管理人外，基本涵盖公募 REITs 推进所需参与主体。通过租赁住房类 REITs 的实践，各参与主体对自身定位、职责要求、实操中关键点的理解日益加深，为公募 REITs 的推出培育了一批具有丰富实践经验的参与主体。

最后，培养并积累了投资人的投资经验。银行、保险、信托等主流金融机构主要依据主体信用判断，通过贷款、信用债等方式为企业提供债务融资。租赁住房类 REITs 产品将资产过户到产品名下，投资人在判断投资过程中，除发行人主体信用外，逐步加强了对资产信用的判断，开始建立内部资产评价体系、培育内部资产研判团队，为公募 REITs 投资端打下了坚实基础。

不过，租赁住房类 REITs 也有明显的局限性。

第一，租赁住房类 REITs 债权属性强。一般情况下，租赁住房类 REITs 由发行人自持次级证券，并对优先级证券提供流动性支持、差额支付等增信安排，同时受国内权益投资人尚不成熟等因素影响，以固定期限和固定预期收益的优先级证券为主，已发行产品固收属性突出，权益属性弱，对企业"扩规模、去杠杆、降负债、提利润"作用有限。

第二，租赁住房类 REITs 投资群体窄，产品流动性较差。国内租赁住房类 REITs 在证券发行上对投资者仍然有适当性管理要求，没有实现完全公开募集，投资群体主要为机构投资人，募资渠道有限；此外中小投资者无法参与租赁住房类 REITs 的交易，二级市场实际交易量较小，流动性较差。

第三，租赁住房类 REITs 往往是被动持有基础资产，缺乏管理人主动管理。原始权益人进行类 REITs 操作的出发点主要在于债务融资，并非对外出售资产，故从根本上就要求原始权益人保持对资产的控制力。在租赁住房类 REITs 的产品端，一般由计划管理人及私募基金管理人承担主要管理职责，负责金融产品层面的现金流归集及分配、投资者信息披露等，并对底层租赁住房资产运营情况进行监督核查；在资产端，如租赁住房具体的运营管理、业绩提升等主动管理职责仍由原始权益人或关联方负责。此外，租赁住房类 REITs 基础资产多数是静态不变的单一物业，到期清盘，基本不存在扩募或持续资产收购的情况。

2021 年 6 月 29 日，国家发展改革委印发《关于进一步做好基础设施领域不动产投资信托基金（REITs）试点工作的通知》（发改投资〔2021〕958 号），将保障性租赁住房纳入基础设施公募 REITs 的试点范围，国内租赁住房公募 REITs 登上历史舞台。租赁住房公募 REITs 的推出，能够提升保障性租赁住房行业直接融资比例，降低保障性租赁住房行业杠杆率和金融风险，对缓解住房租赁市场结构性供给不足、推动建立租购并举的住房制度、促进房地产市场平稳健康发展具有重要意义。

公募 REITs 是 REITs 市场的有效补充，将进一步完善中国 REITs 市场产品图谱，但并非替代类 REITs 市场。公募 REITs 与类 REITs 两种工具并无绝对优劣之分，具体适用性与原始权益人自身诉求紧密相关。类 REITs 可以解决企业的融资、财务优化等诸多诉求，在未来一段时间可能仍将是部分企业重点选择的融资方式。

从国外成熟的 REITs 市场经验看，类 REITs（或私募 REITs）市场是独立于公募 REITs 的重要市场组成部分。与公募 REITs 相比，私募 REITs 因所涉及募资人群较少，风险承受能力也较高，面临的监管也相对宽松，这是私募 REITs 在海外快速发展的重要原因之一。以美国为例，截至 2021 年年底，美国存在 2 000 多只私募 REITs，拥有资产总值近万亿美元。

从投资方角度看，租赁住房类 REITs 属于标准化金融产品，是专业机构投资人重点关注的投资品种，目前已形成较为成熟的投资模式。2020 年年底，中国人民银行、中国银保监会发布《关于建立银行业金融机构房地产贷款集中度管理制度的通知》（银发〔2020〕322 号），明确了房地产贷款集中度管理制度的机构覆盖范围、管理要求及调整机制，明确为大力发展住房租赁市场，住房租赁有关贷款暂不纳入房地产贷款占比计算，未来租赁住房类 REITs 也有望适用。

从发行方角度看，虽然租赁住房公募 REITs 提供了真正权益属性的资产退出平台，增加了资产定价有效性，但目前基础设施 REITs 试点主要聚焦保障性租赁住房，大量市场化租赁住房仍需要借助类 REITs 予以盘活。在保留资产运营管理权的前提下，类 REITs 助力发行方实现阶段性融资和退出要求，仍然具有重要意义。

保障性租赁住房 REITs 的探索与思考

我国基础设施 REITs 试点筹备工作，以 2019 年春节后启动的试点调研作为正式起点。彼时，我国宏观经济增速、地方财政和基础设施投资建设等方面均面临较大压力，再加之 2019 年年底新冠肺炎疫情所带来的冲击，我国基础设施 REITs 的推出恰逢其时。

公募 REITs 政策支持与产品特点

自 2014 年中信启航类 REITs 发行以来，中国类 REITs 市场发展迅速。类 REITs 借鉴 REITs 的核心理念，覆盖了包括写字楼、购物中心、零售门店、租赁住房、酒店、仓储物流、书店和社区商业等诸多资产类型，为我国公募 REITs 的推出提供了宝贵的实践经验，营造了良好的市场环境。

2018 年以来，交易所类 REITs 产品常态化发行，底层资产类型不断丰富。2019 年年初，上交所新年贺词提到"进一步深化债券产品创新，推动公募 REITs 试点，加快发展租赁住房 REITs"；深交所公开发言称"积极推进公募 REITs 进程，将配合推动公募 REITs 的研究调研、规则制定等工作；全力支持雄安新区、粤港澳大湾区、海南自贸区等区域开展创新试点，重点推动租赁住房、基础设施和商业物业等领域盘活资产"。

2020 年 4 月 30 日，中国证监会、国家发展改革委《关于推进基础设施领域不动产投资信托基金（REITs）试点相关工作的通知》（证监发〔2020〕40 号），标志着我国基础设施 REITs 试点工作正式启动。该通知明确了公募 REITs 产品架构为"公募基金 + 资产支持证券"，明确基础设施 REITs 聚焦重点区域、重点行业与优质项目，具体阐释了推进基础设施 REITs 试点项目的基本原则和项目要求。

2020 年 7 月 31 日，国家发展改革委办公厅《关于做好基础设施领域不动产投资信托基金（REITs）试点项目申报工作的通知》（发改办投资〔2020〕586 号，以下简写为"586 号文"），标志着我国基础设施 REITs 试点工作进一步深化。该通知提出聚焦重点，准确把握试点项目地区和行业范围；明确了试点项目应满足的基本条件和政策性要求，其中特别说明了 PPP 项目需满足的其他条件；进一步规范了试点项目的申报要求和流程。

2020 年 8 月 7 日，证监会发布了《公开募集基础设施证券投资基金指引（试行）》（证监会公告〔2020〕54 号，以下简写为《指引》），规范了基础设施 REITs 的设立、运作等相关活动。该《指引》详细界定了 REITs 产品发行过程中各主体的责任；明确了产品定义与运行模式，规范基金运作机制；对于基金的发售方式，以及各类投资者的认购方式做出细致说明；明确了证监会的监管职责，切实保护投资者权益。

2021 年 1 月 31 日，国家发展改革委印发了《关于建立全国基础设施领域不动产投资信托基金（REITs）试点项目库的通知》（发改办投资〔2021〕35 号）。基础设施 REITs 试点项目库包含意向项目、储备项目和存续项目，通知对三类项目准入标准均做了具体说明。基础设施 REITs 试点项目社会关注度高、示范性强，切实加强项目储备管理，选准选好试点项目，对推进基础设施 REITs 试点工作平稳顺利开展十分重要。

"十四五"规划纲要提出，推动基础设施 REITs 健康发展，有效盘活存量资产，形成存量资产和新增投资的良性循环。开展基础设施 REITs 试点，对推动形成市场主导的投资内生增长机制，提升资本市场服务实体经济的质效，构建投资领域新发展格局，具有重要意义。

2021 年 6 月 29 日，国家发展改革委发布了《关于进一步做好基础设施领域不动产投资信托基金（REITs）试点工作的通知》（发改投资〔2021〕958 号，以下简写为"958 号文"），将基础设施 REITs 试点区域扩展至全国；明确了交通、能源、市政、生态环保、仓储物流、园区、新型基础设施、保障性租赁住房八大试点行业，并在具有供水、发电功能的水利设施和自然文化遗产两大领域探索开展试点的可能性；进一步明确试点项目在规模、收益、权属、可转让性等方面的标准和要求；对项目的申报材料、申报程序、审查内容及对中介机构的要求做出详细阐释。

自国家发展改革委"958 号文"发布以来，公募 REITs 利好政策迭出。2021 年 11 月，银保监会下发《保险资金投资公开募集基础设施证券投资基金有关事项的通知》（银保监办发〔2021〕120号），吸引长期投资的保险资金进入REITs市场。基础设施REITs以基础设施项目作为底层资产，项目运营周期较长，强制派息分红，能够较好匹配保险资金长期大类资产配置需求，为保险资金参与基础设施建设提供了新的投资工具。

2021年12月31日，国家发展改革委发布《关于加快推进基础设施领域不动产投资信托基金（REITs）有关工作的通知》（发改办投资〔2021〕1048号），提出加快推进基础设施REITs试点工作的具体要求，从7个方面为基础设施REITs市场的建设与发展保驾护航：（1）加强宣传解读，调动参与积极性；（2）摸清项目底数，分类辅导服务；（3）安排专人对接，做好服务工作；（4）加强部门协调，落实申报条件；（5）及时沟通反映，加快申报进度；（6）用好回收资金，形成良性循环；（7）鼓励先进典型，形成示范引领。

2022年1月26日，财政部和税务总局联合发布《关于基础设施领域不动产投资信托基金（REITs）试点政策的公告》（财政部、税务总局公告2022年第3号），明确相关税收优惠安排，进一步激发了原始权益人发行REITs的积极性。

2022年4月15日，基础设施公募REITs扩募政策公开征求意见。沪、深交易所分别就基础设施公募REITs新购入项目指引公开征求意见，拟细化明确基础设施REITs新购入基础设施项目的扩募、信息披露、决策和审批等具体安排。更多资产通过REITs发行上市会增加优质资产的供给，扩大REITs市场规模，包括流通市值规模等。

随着国家层面对公募REITs支持政策的持续丰富，国内部分具有开展公募REITs优势的地区积极跟进。一些省、市政府或发展改革部门相继发布了REITs政策专项支持文件，基本覆盖京津冀、长三角、粤港澳大湾区和成渝经济圈等区域。主要包括："北京REITs十二条""上海REITs二十条""成都REITs十条""苏州REITs十条"广州 REITs 十五条""南京 REITs 十一条""西安 REITs 十条""天津 REITs 十七条""福建省公募 REITs 十三条"等。各地区的公募 REITs 支持政策均结合本地区发展实际，围绕项目培育和储备机制、中介机构和产业人才培育发展、市属国有平台公司向资产专业运营商转型、财税支持、引入长期资金、成立推进工作小组等方面展开。

除发布支持公募 REITs 专项政策外，全国各省级地方政府也以发布通知、方案等方式，提出发展公募 REITs，助力当地企业盘活存量资产，引入资本市场资金。例如，2021 年 8 月，广东省人民政府发布《广东省金融改革发展"十四五"规划》，强调稳步推进基础设施领域公募 REITs 试点，并持续探索在水利、交通、能源等行业设立公募 REITs。2021 年 9 月，人行海口中心支行、海南省地方金融监管局等 5 部门联合发布《关于贯彻落实金融支持海南全面深化改革开放意见的实施方案》，强调推动公募 REITs 试点落地，建立健全项目库，推动符合条件的企业发行公募 REITs，支持在住房租赁领域发展公募 REITs。

公募 REITs 和类 REITs 的核心区别在于，前者是权益型的永续运作产品，可通过物业的真实出售来达到资本变现，后者是有期限的"明股实债"产品。根据相关试点政策要求以及 REITs 的一般特征，我国公募 REITs 的产品特点主要包括以下 6 点。

（1）具有权益属性，可通过提升管理机构的资产运营能力和资产管理能力使收益持续成长。

（2）公开募集资金，并上市竞价交易。

（3）底层资产的现金流长期稳定，实施强制分红政策。

（4）目前采用"公募基金＋资产支持证券"模式，其现金流由底层资产层层传导至公募基金并最终向投资人进行分派。

（5）主要投资标的是成熟的基础设施资产，要求权属清晰，运营时间不低于 3 年，现金流持续稳定且来源合理分散等。

（6）实行主动管理，既具有金融属性，又具有不动产属性。其中，金融属性表现在融资、并购、投资者关系等，不动产属性体现在资产管理、资产运营等。

公募 REITs 产品体系及发展现状

2021 年 6 月 21 日，首批 9 只基础设施 REITs 产品顺利于沪深交易所上市，同年 12 月又有两只 REITs 产品上市。2022 年 8 月，三只保障性租赁住房 REITs 上市，全市场 17 只基础设施 REITs 产品发行规模近 600 亿元，展现出产品流动性适中、投资回报相对稳健的特点。

从上市资产种类来看，基础设施资产包括产业园区、收费高速、仓储物流、垃圾发电、环保水务、液化天然气（LNG）发电、保障性租赁住房 7 种基础设施类型，分布在北京、上海、深圳、广州、江苏、浙江、湖北、安徽、重庆、厦门等区域。现有公募 REITs 项目相关信息如表 5-3 所示。

表 5-3　我国已发行公募 REITs 产品情况（截至 2022 年 9 月）

序号	项目名称	基础设施资产	所在区域	基础设施类型	特许经营权类/产权类	基金发行规模（亿元）
1	中航首钢生物质封闭式基础设施证券投资基金	北京首钢生物质能源项目；北京首钢鲁家山残渣暂存场项目；北京首钢餐厨垃圾收运处一体化项目	北京市门头沟区潭柘寺镇鲁家滩村	固废处理	特许经营权类	13.38
2	平安广州交投广河高速公路封闭式基础设施证券投资基金	广州至河源高速公路（广州段）特许经营权及基于该等特许经营权持有并运营的公路资产	广东省广州市	收费高速	特许经营权类	91.14
3	浙商证券沪杭甬杭徽高速封闭式基础设施证券投资基金	杭徽高速公路浙江段及其相关构筑物资产组的收费权	浙江省杭州市余杭区、临安区	收费高速	特许经营权类	43.60

序号	项目名称	基础设施资产	所在区域	基础设施类型	特许经营权类/产权类	基金发行规模（亿元）
4	富国首创水务封闭式基础设施证券投资基金	深圳市福永、松岗、公明水质净化厂BOT特许经营项目；合肥市十五里河污水处理厂PPP项目	广东省深圳市宝安区、光明区，安徽省合肥市包河区	环保水务	特许经营权类	18.50
5	博时招商蛇口产业园封闭式基础设施证券投资基金	万融大厦及配套商业项目；万海大厦及配套商业项目	深圳市南山区蛇口网谷产业园	产业园区	产权类	20.79
6	华安张江光大园封闭式基础设施证券投资基金	盛夏路500弄1–6号的房屋使用权和土地使用权；盛夏路500弄7号的房屋使用权和土地使用权	上海市盛夏路500弄	产业园区	产权类	14.95
7	东吴－苏州工业园区产业园封闭式基础设施证券投资基金	国际科技园五期B区和2.5产业园一期、二期项目	江苏省苏州市苏州工业园区星湖街328号	产业园区	产权类	34.92
8	中金普洛斯仓储物流封闭式基础设施证券投资基金	普洛斯北京空港物流园；普洛斯北京通州光机电物流园；苏州望亭普洛斯物流园；普洛斯淀山湖物流园；普洛斯广州保税物流园；普洛斯增城物流园；普洛斯顺德物流园	北京市、广东省广州市、广东省佛山市、江苏省苏州市、江苏省昆山市	仓储物流	产权类	58.35
9	红土创新盐田港仓储物流封闭式基础设施证券投资基金	现代物流中心项目	深圳市盐田区盐田综合保税区北片区	仓储物流	产权类	18.40
10	建信中关村产业园封闭式基础设施证券投资基金	孵化加速器项目，互联网创新中心5号楼项目，协同中心4号楼项目	北京市中关村软件园	产业园区	产权类	28.80

序号	项目名称	基础设施资产	所在区域	基础设施类型	特许经营权类／产权类	基金发行规模（亿元）
11	华夏越秀高速公路封闭式基础设施证券投资基金	汉孝高速公路主线路，机场北连接线	湖北省武汉市	收费高速	特许经营权类	21.30
12	华夏中国交建高速公路封闭式基础设施证券投资基金	武深高速嘉鱼至通城段及其附属设施	湖北省	收费高速	特许经营权类	93.99
13	国金铁建重庆渝遂高速公路封闭式基础设施证券投资基金	渝遂高速（重庆段）	重庆市	收费高速	特许经营权类	47.93
14	鹏华深圳能源清洁能源封闭式基础设施证券投资基金	深圳能源东部电厂（一期）项目	深圳市	LNG发电站	产权类	35.38
15	中金厦门安居保障性租赁住房封闭式基础设施证券投资基金	园博公寓和珩琦公寓	厦门市	保障性租赁住房	产权类	13.00
16	红土创新深圳人才安居保障性租赁住房封闭式基础设施证券投资基金	安居百泉阁、安居锦园、凤凰公馆、保利香槟苑	深圳市	保障性租赁住房	产权类	12.42
17	华夏北京保障房中心租赁住房封闭式基础设施证券投资基金	文龙家园和熙悦尚郡	北京市	保障性租赁住房	产权类	12.55
合计						579.4

资料来源：沪、深证券交易所，中联基金整理。

发展保障性租赁住房 REITs 的必要性

保障性租赁住房旨在解决新市民、青年人的阶段性住房困难，预计后续将成为住房保障体系的主力。2021 年，我国保障性租赁住房市场快速发展，全国及各省市均推出了保障性租赁住房支持政策，全国 40 个城市新筹集保障性租赁住房 94.2 万套（间）。同时，住建部提出"十四五"期间将在 40 个重点城市初步计划新增 650 万套（间），主要一线城市保障性租赁住房增量均占计划新增供应总量的 45% 左右。根据测算，"十四五"期间保障性租赁住房投资规模将超过 2 万亿元。[①]

2021 年 6 月 29 日，国家发展改革委发布"958 号文"，将保障性租赁住房纳入基础设施 REITs 试点范围。同日，国务院发布《关于加快发展保障性租赁住房的意见》，确立了今后我国要构建以"公租房、保障性租赁住房和共有产权住房"为主体的住房保障体系。

保障性租赁住房建设面临融资难的问题，由于项目前期投资压力大、回收期长，政府和社会资本持续投资意愿和投资能力受到限制。目前，保障性租赁住房建设投资主要依靠债务性融资，期限固定且成本相对较高。而保障性租赁住房往往具备初期投入高、回报率较低、收入成长性偏弱且整体流动性较差等特点，这些特点与债务性融资产生了一定矛盾。

公募 REITs 可为保障性租赁住房提供较为长期的权益性资金，提升资金适配性。公募 REITs 是中等收益、中等风险的金融工具，具有流动性高、收益稳定等特点。保障性租赁住房投资回收期长，需要长期性资金投入。REITs 作为介于股票和债券之间的权益性融资工具，面向社会公众发行，可把短期零散的小额储蓄转换为长期

---

① 　资料来源：中信证券 . 共同富裕系列报告之九 [R]，2022-01-24。

集中的大额资本，为保障性租赁住房市场提供稳定长期的资金来源。同时，保险资金、社会保障基金、基本养老保险基金、企业年金、职业年金、住房公积金等作为长期性资金，也有流动性资产配置需要，公募 REITs 产品为相关长期性资金提供了具有流动性的权益投资标的。

公募 REITs 作为实现资产上市的重要手段，为投资提供了退出途径，有助于盘活资产，加快推动培育规模化的保障性租赁住房机构。保障性租赁住房公募 REITs 本质上是以保障性租赁住房项目作为标的资产，以权益过户方式搭建产品结构，最终实现产品公开发行和上市交易。产品发行后，项目所有权将由资产的原持有方（原始权益人）转让至由公募基金公司作为管理人设立的公募基金产品名下。同时，公募基金管理人委托原始权益人继续对基础设施项目履行维护运营管理职能，每年将全部可供分配金额的 90% 以上分配于基金投资人。企业通过搭建 REITs 平台，保留资产管理权并获得再投资资金。"原始权益人"有能力持续投入增量业务，推动保障性租赁住房房源规模增长，打造保障性租赁住房企业可持续发展模式。

此外，持续提升资产经营水平是公募 REITs 的核心目标之一。在此驱动下，管理人有足够的动力做到精细化经营，建立有效激励机制，培养各项资产管理能力（包括资产安全维护、改造提升、物业管理、信息化建设等），提升租赁住房行业标准化、专业化运营水平，规范租赁市场主体行为，改善租赁住房供需关系，提高租住服务质量和效率，解决租住品质差、租期不稳定等问题。

自 2021 年保障性租赁住房纳入 REITs 发行范围以来，北京、上海、重庆、河南、江苏、海南等省市陆续出台配套政策，推动保障性租赁住房资产发行公募 REITs。目前，市场上有多个项目正在积极推进申报，市场关注度较高。

根据市场公开信息，2022 年 1 月 12 日，南京市集中签约了三个保障性租赁住房公募 REITs 项目，预计发行金额 35 亿~40 亿元。三个保障性租赁住房公募 REITs 合作项目分别为：建设银行与安居集团珑熹台保障性租赁住房项目，预计发行金额 15 亿~20 亿元；建设银行与雨花台区软件谷（菁英）人才公寓保障性租赁住房项目，预计发行金额约 10 亿元；中信证券与东南集团的仙林青年汇等项目捆绑发行，预计发行金额约 5 亿元。

2022 年 2 月，重庆市人民政府办公厅发布《关于加快发展保障性租赁住房的实施意见》（渝府办发〔2022〕21 号），其中明确提出，开展保障性租赁住房基础设施 REITs 试点，鼓励银行、资产管理公司、政府产业基金、企业年金参与本市租赁住房基础设施 REITs 产品的战略配售和投资。随后，西安市政府也发文支持保障性租赁住房建设，支持运营企业按国家有关规定发行 REITs 融资。

2022 年 3 月 18 日，证监会表示正着重开展推动保障性租赁住房公募 REITs 试点项目落地的工作。推进保障性租赁住房 REITs 项目试点，是落实中共中央、国务院关于加快建立多主体供给、多渠道保障、租购并举住房制度决策部署的有效金融工具，有利于拓宽保障性租赁住房建设资金来源，更好地吸引社会资本参与，促进行业向新发展模式转型，实现平稳健康发展。

2022 年 5 月 27 日，证监会办公厅与国家发展改革委办公厅联合发布《关于规范做好保障性租赁住房试点发行基础设施领域不动产投资信托基金（REITs）有关工作的通知》，旨在贯彻中共中央、国务院关于加快发展保障性租赁住房、促进解决好大城市住房突出问题的重大决策部署，推动保障性租赁住房 REITs 业务规范有序开展。同日，厦门安居集团有限公司 REITs 项目、深圳人才安居 REITs 项目分别向沪、深交易所正式提交了申报材料，也于同日向证监会申报。

此外，公租房作为我国住房保障体系的重要组成部分，存量资产起步早、规模大、经营模式成熟，一定程度上也具备纳入 REITs 资产范围的可能性。公租房和保障性租赁住房都以租赁方式为相关群体提供住房保障，具有很强的民生属性，目前各地也在积极推动将存量的公租房认定为保障性租赁住房。上海市在《关于加快发展保障性租赁住房的实施意见》中明确将公租房纳入保障性租赁住房管理，并按照公租房管理政策进一步从严管理。重庆市是全国公租房资产存量较大的代表性城市，从 2010 年开始就大力推进以公租房为主的保障性住房建设。全市公租房保有量 56.4 万套，已分配 54 万套，惠及约 140 万人。其中，中心城区公租房保有量 39.05 万套，已分配 37 万套，惠及约 97 万人。重庆城投集团作为重庆市重要的公租房建设主体，先后投资近 400 亿元，建设了 11 个高品质的公租房项目，分布于重庆市主城各区，面积近 1 200 万平方米，可容纳 20 万户 54 万人居住，约占全市公租房建设总规模的 1/3。

总体来看，我国目前积累了大量的公租房资产，开发建设和运营维护主要由政府部门或国有平台承担。若能将相关资产纳入 REITs 试点范围，能够盘活庞大存量、带动更多权益型资金，能够帮助公租房主体降低资产负债率，实现投融资闭环。

首批发售的保障性租赁住房 REITs 项目概况

2022 年 8 月底，我国首批保障性租赁住房 REITs 完成募集，发行规模总计 56.92 亿元。项目主要位于京津冀、粤港澳大湾区等国家重大战略区域，底层资产的项目类型主要为通过保障性租赁住房认定程序的公租房和人才房。三只保障性租赁住房 REITs 自询价以来，热度居高不下，网下认购倍数均突破百倍，体现出投资者对保障性租赁住房 REITs 优质底层资产的认可。

红土创新深圳人才安居保障性租赁住房 REIT

产品概况如表 5-4 所示。

表 5-4　红土创新深圳人才安居保障性租赁住房 REIT 产品概况

基金名称	红土创新深圳人才安居保障性租赁住房封闭式基础设施证券投资基金
基金管理人	红土创新基金管理有限公司
基金托管人	招商银行股份有限公司
原始权益人	深圳市人才安居集团 深圳市福田人才安居有限公司 深圳市罗湖人才安居有限公司
发行份额（亿份）	5
发行价格（元／份）	2.484
发行规模（亿元）	12.42
基金合同存续期	基金合同生效日至 2088 年 6 月 25 日
交易场所	深圳证券交易所

基础设施项目信息如表 5-5 所示。

表 5-5　红土创新深圳人才安居保障性租赁住房 REIT 基础设施项目信息

	安居百泉阁项目	安居锦园项目	保利香槟苑项目	凤凰公馆项目
项目公司名称	深圳市安居百泉阁管理有限公司	深圳市安居锦园管理有限公司	深圳市安居鼎吉管理有限公司	深圳市安居鼎吉管理有限公司
投入运营时间	2022 年 1 月	2021 年 11 月	2020 年 7 月	2020 年 11 月
总建筑面积	53 606.58 平方米，其中住房及配套商业建筑面积 39 715.43 平方米	35 130.89 平方米，其中住房及配套商业建筑面积 26 948.60 平方米	16 457.28 平方米，其中住房及配套商业建筑面积 16 457.28 平方米	51 553.87 平方米，其中住房及配套商业建筑面积 51 553.87 平方米

	安居百泉阁项目	安居锦园项目	保利香槟苑项目	凤凰公馆项目
地理位置	深圳市福田区安托山片区	深圳市罗湖区笋岗片区	深圳市大鹏新区	深圳市坪山区碧岭街道
2022 年 3 月 31 日出租率	99%	99%	100%	98%
2022 年 3 月 31 日租金单价	59.74 元 / 平方米·月	44.38 元 / 平方米·月	14.52 元 / 平方米·月	17.23 元 / 平方米·月
租户结构	用人单位 64.31%，个人 35.69%	用人单位 100%	用人单位73.92%，个人26.08%	用人单位56.83%，个人43.17%

项目估值情况。该次发行 REITs 的基础设施底层资产包括 4 个保障性租赁住房项目，建筑面积合计 15.68 万平方米，共计约 1 830 套房源，资产评估值约为 11.58 亿元，折合单价为 7 388 元 / 平方米。评估机构采用了 6% 的折现率，与同为一线城市的北京保障房项目采用的折现率 6% 持平；评估收益期限按照土地剩余使用年限与建筑物剩余使用寿命孰短原则确定，其中安居百泉阁项目截至 2088 年 6 月 25 日，安居锦园项目截至 2088 年 4 月 27 日，保利香槟苑项目和凤凰公馆项目截至 2086 年 12 月 13 日。估值结果如表 5-6 所示。

表 5-6　红土创新深圳人才安居保障性租赁住房 REIT 项目估值结果

序号	项目名称	总建筑面积（万平方米）	收益法估值（亿元）	单价（元 / 平方米）
1	安居百泉阁	5.36	5.76	10 747
2	安居锦园	3.51	3.01	8 554
3	保利香槟苑	1.65	0.68	4 150
4	凤凰公馆	5.16	2.13	4 134
合计		15.68	11.58	7 388

原始权益人及募投项目情况。原始权益人为深圳市人才安居集团（发起人）、深圳市福田人才安居有限公司及深圳市罗湖人才安居有限公司。截至 2021 年 12 月底，主要发起人深圳市人才安居集团总资产 1 673 亿元，净资产 1 157 亿元，实现总投资 1 350 亿元。集团已开工 74 个项目（其中已竣工 8 个），总建筑面积 1 182 万平方米，涉及房源 9.2 万套；累计筹建公共住房 15.8 万套，供应公共住房 5.8 万套，约占全市同期总量的 1/3。

原始权益人募集资金拟投入的项目包括安居福厦里 A213-0386 项目、福田区华富北棚改项目和罗湖区南湖街道船步街片区棚户区改造项目，项目总投资 249.71 亿元，建设规模 145.3 万平方米。

中金厦门安居保障性租赁住房 REIT

产品概况如表 5-7 所示。

表 5-7　中金厦门安居保障性租赁住房 REIT 产品概况

基金名称	中金厦门安居保障性租赁住房封闭式基础设施证券投资基金
基金管理人	中金基金管理有限公司
基金托管人	兴业银行股份有限公司
原始权益人	厦门安居集团有限公司
发行份额（亿份）	5
发行价格（元 / 份）	2.60
发行规模（亿元）	13
基金合同存续期	基金合同生效日起 65 年
交易场所	上海证券交易所

基础设施项目信息如表 5-8 所示。

表 5-8　中金厦门安居保障性租赁住房 REIT 基础设施项目信息

	园博公寓项目	珩琦公寓项目
项目公司名称	厦门安居博住房屋租赁有限公司	厦门安居珩琦住房租赁有限公司
投入运营时间	2020 年 11 月	2020 年 11 月
总建筑面积	112 875.18 平方米	85 678.79 平方米
地理位置	厦门市集美区	厦门市集美区
2022 年 3 月 31 日出租率	99.42%	99.11%
2022 年 3 月 31 日租金单价	32.35 元 / 平方米·月	30.52 元 / 平方米·月
租户结构	截至 2022 年 3 月 31 日，园博公寓的租户有 2 597 家，其中 362 家为企业租户，终端租户主要为本市无房的新就业大学生、青年人、城市基本公共服务人员等新市民	截至 2022 年 3 月 31 日，珩琦公寓的租户有 2 032 家，其中 152 家为企业租户，终端租户主要为本市无房的新就业大学生、青年人、城市基本公共服务人员等新市民

项目估值情况。该次发行 REITs 的基础设施底层资产包括 2 个保障性租赁住房项目，建筑面积约 20 万平方米，共计约 4 665 套房源，资产评估值为 12.14 亿元，折合单价为 6 113 元 / 平方米。评估机构采用了 6.5% 的折现率，略高于两单一线城市保租房项目所采用的折现率 6%；评估收益期限按照土地剩余使用年限与建筑物剩余使用寿命孰短原则确定，园博公寓项目和珩琦公寓项目均截至 2079 年 12 月 31 日。估值结果如表 5-9 所示。

表 5-9　中金厦门安居保障性租赁住房 REIT 项目估值结果

序号	项目名称	总建筑面积（万平方米）	收益法估值（亿元）	单价（元 / 平方米）
1	园博公寓项目	11.29	7.04	6 237
2	珩琦公寓项目	8.57	5.10	5 952
合计		19.86	12.14	6 113

原始权益人及募投项目情况。原始权益人为厦门安居集团有限公司，是厦门市唯一保障性住房专营企业，从事保障性住房及公共租赁住房的融资、建设和运营管理工作。截至 2022 年 3 月 31 日，厦门安居集团共承建 18 个保障性租赁住房及公共租赁住房项目，总建筑面积超过 369 万平方米。

原始权益人拟投资项目均为保障性租赁住房项目，具有"只租不售"的性质，募集资金拟投资项目包括但不限于语家公寓、龙秋公寓、洪茂一期及龙泉公寓（龙泉一期、龙泉二期）。

华夏北京保障房中心租赁住房 REIT

产品概况如表 5-10 所示。

表 5-10　华夏北京保障房中心租赁住房 REIT 产品概况

基金名称	华夏北京保障房中心租赁住房封闭式基础设施证券投资基金
基金管理人	华夏基金管理有限公司
基金托管人	中国建设银行股份有限公司
原始权益人	北京保障房中心有限公司
发行份额（亿份）	5
发行价格（元/份）	2.51
发行规模（亿元）	12.55
基金合同存续期	基金合同生效日起 65 年
交易场所	上海证券交易所

基础设施项目信息如表 5-11 所示。

表 5-11　华夏北京保障房中心租赁住房 REIT 基础设施项目信息

	文龙家园项目	熙悦尚郡项目
项目公司名称	北京燕保宜居住房租赁有限公司	北京燕保宜居住房租赁有限公司
投入运营时间	2015 年 2 月	2018 年 10 月
总建筑面积	76 564.72 平方米	36 231.58 平方米
地理位置	北京市海淀区	北京市朝阳区
2022 年 3 月 31 日出租率	94.8%	94.3%
2022 年 3 月 31 日租金单价	52 元 / 平方米·月	60 元 / 平方米·月
租户结构	截至 2022 年 3 月 31 日，文龙家园租户共有 1 326 家，其中 322 家为企事业单位租户，1 004 家为个人配租	截至 2022 年 3 月 31 日，熙悦尚郡公寓的租户有 727 家，均为个人配租

项目估值情况。该次发行 REITs 的基础设施底层资产包括 2 个保障性租赁住房项目，建筑面积合计约 11.28 万平方米，共计约 2 168 套房源，资产评估值为 11.51 亿元，折合单价为 10 204 元 / 平方米。评估机构采用了 6% 的折现率，与同作为一线城市的深圳保障房项目采用的折现率 6% 持平。评估收益期限按照土地剩余使用年限与建筑物剩余使用寿命孰短原则确定，其中文龙家园项目截至 2080 年 10 月 21 日，熙悦尚郡项目截至 2083 年 11 月 14 日。估值结果如表 5-12 所示。

表 5-12　华夏北京保障房中心租赁住房 REIT 项目估值结果

序号	项目名称	总建筑面积（万平方米）	收益法估值（亿元）	单价（元 / 平方米）
1	文龙家园项目	7.66	7.37	9 561
2	熙悦尚郡项目	3.62	4.14	11 564
合计		11.28	11.51	10 204

原始权益人及募投项目情况。北京保障房中心业务范围从前期融资、投资建设到后期销售、出租及运营管理等业务均专注于保障性住房项目。北京保障房中心坚持以租为主、以保障民生而非以大规模盈利为主要经营目的，营业收入主要来源于公共租赁住房租赁业务和储备房销售业务。截至 2021 年年末，北京保障房中心持有公租房 14.13 万套，遍及全市 16 个区，已投入运营 9.82 万套，已入住 8.42 万户，为北京建立"以租为主"的住房保障体系提供有力支撑。

根据原始权益人 2022 年 3 月 31 日出具的《关于申报基础设施领域不动产投资信托基金（REITs）试点的承诺函》，承诺拟将 90%（含）以上的募集资金净回收资金用于焦化厂剩余地块住房项目，或其他经批准同意的租赁住房项目。焦化厂剩余地块住房项目总投资 57.1 亿元，建筑面积 463 508.96 平方米，项目拟建设 672 套安置房、1 869 套公租房，并配建中学、幼儿园和公交场站等公共服务配套设施。

保障性租赁住房公募 REITs 领域的实务要点

从公募 REITs 发行市场看，保障性租赁住房资产已成为新近热点。考虑到后续陆续将有保障性租赁住房项目申报，我们从资产类型、操作流程、面临的主要问题进行研究分析，推演相关问题并提出解决措施。

保障性租赁住房的资产类型
根据国内各地区发布的保障性租赁住房项目认定办法，保障性租赁住房大体可分为五大类。
（1）租赁住房用地（含非居住存量建设用地转型为租赁住房用地）上建设的租赁住房。

（2）集体经营性建设用地上建设的租赁住房。

（3）非居住建设用地上配套建设的租赁住房。

（4）按照本市非居住存量房屋改建租赁住房的相关规定合规纳管的改建租赁住房。

（5）居住用地上配建的租赁住房和建设的其他租赁住房。

租赁住宅用地类项目从土地的获取、未来现金流的回报，以及收益率的情况来看，与公募REITs的发行要求较为符合，但由于此类项目土地投入市场时间较短，需要重点关注存量资产规模及运营成熟度等方面的问题。

集体经营性建设用地类项目一般有30年左右的经营权，到期后房屋和土地无偿还给村集体。此类项目类似特许经营权项目，可在一定程度上借鉴后者的估值模型。

非居住建设用地上配套建设的租赁住房项目、非居住存量房屋改建的租赁住房项目和居住用地上配建的租赁住房项目特征较为相似，在全国保障性租赁住房市场上占一定比重。这些项目在所处区位、分布集中度、客群构成等方面具备一定特点，在设计REITs产品时也需要相应予以考虑。

保障性租赁住房资产发行公募REITs操作流程

保障性租赁住房资产发行公募REITs的筹备与审核需要经过4个阶段。

一是方案制定与资产梳理阶段。科学合理的方案制定与资产梳理工作是成功发行基础设施公募REITs的重要基础。此阶段应重点关注底层资产梳理、资产重组安排和产品架构设计等。

梳理底层资产环节需重点关注底层资产的合法合规性及运营情况。根据中国证监会、国家发展改革委等监管部门出台的相关法律法规和规范性文件，对于底层基础设施项目主要要求如下。[①]

第一，基础设施项目权属清晰、资产范围明确，发起人（原始权益人）依法合规直接或间接拥有项目所有权、特许经营权或经营收益权。项目公司依法持有拟发行基础设施REITs的底层资产。

第二，土地使用依法合规。项目土地实际用途应与其规划用途及其权证所载用途相符。如不一致，应说明其实际用途的法律、法规及政策依据。

第三，基础设施项目具有可转让性。项目需依法履行内部决策程序，发起人（原始权益人）、项目公司相关股东已履行内部决策程序，并协商一致同意转让。同时，转让限制条件需符合相关要求或具备解除条件。

第四，基础设施项目成熟稳定：（1）项目运营时间原则上不低于3年。对已能够实现长期稳定收益的项目，可适当降低运营年限要求。（2）项目现金流投资回报良好，近3年内总体保持盈利或经营性净现金流为正。（3）项目收益持续稳定且来源合理分散，直接或穿透后来源于多个现金流提供方。因商业模式或者经营业态等原因，现金流提供方较少的，重要现金流提供方应当资质优良，财务情况稳健。（4）预计未来3年净现金流分派率（预计年度可分配现金流/目标不动产评估净值）原则上不低于4%。

第五，资产规模符合要求：（1）首次发行基础设施REITs的项目，当期目标不动产评估净值原则上不低于10亿元。（2）发起人（原始权益人）具有较强扩募能力，以控股或相对控股方式持有、按有关规定可发行基础设施REITs的各类资产规模（如高速公路通车里程、园区建筑面积、污水处理规模等）原则上不低于拟首次发行基础设施

---

① 国家发展改革委《关于进一步做好基础设施领域不动产投资信托基金（REITs）试点工作的通知》（发改投资〔2021〕958号）。

REITs 资产规模的两倍。

在底层资产梳理过程中，项目依法取得固定资产投资管理相关手续，是项目合法合规性的基本条件。在首批基础设施 REITs 试点项目获批发行后，国家发改委发布的"958 号文"基本沿用了"586 号文"有关固定资产投资管理手续的相关规定，即基础设施 REITs 试点项目应"已依法依规取得固定资产投资管理相关手续"。固定资产投资管理相关手续如表 5-13 所示。

表 5-13 固定资产投资管理相关手续

项目审批、核准或备案手续(立项)	建设单位在投资建设基础设施项目前，应当根据项目具体情况，向当地发展和改革部门申请取得项目审批、核准或备案手续
用地手续	1. 经人民政府批准，取得建设用地批准书 2. 出让方式——签署国有建设用地使用权出让合同；划拨方式——取得国有土地划拨决定书 3. 缴清土地出让金及相关税费，划拨土地相关补偿安置费用（如有），取得相应权属证书
单项审批手续	1. 环评：编制环境影响报告书／报告表并报环保部门审批，或填报环境影响登记表并报环保部门备案 2. 节能审查：取得节能审查机关出具的节能审查意见，或在项目可行性研究报告／申请报告中对节能情况进行分析 3. 消防设计审查：取得公安机关消防机构／住建部门出具的消防设计审查合格意见或消防设计备案凭证 4. 其他单项审批：例如施工图设计文件审查、交通影响评价等
规划手续	1. 用地规划许可：取得规划主管部门核发的建设用地规划许可证（划拨项目申请批准或核准前还应取得规划主管部门核发的选址意见书） 2. 工程规划许可：取得规划主管部门核发的建设工程规划许可证
施工许可手续	取得住建部门核发的建筑工程施工许可证

竣工验收手续	1. 竣工验收报告：建设单位组织勘察、设计、施工、监理等单位进行竣工验收并出具竣工验收报告
	2. 竣工验收备案：取得住建部门加盖文件收讫章的工程竣工验收备案表
	3. 单项验收手续：规划验收、消防验收／备案、环保设施竣工验收等

资料来源：《关于推进基础设施领域不动产投资信托基金（REITs）试点相关工作的通知》《关于做好基础设施领域不动产投资信托基金（REITs）试点项目申报工作的通知》《公开募集基础设施证券投资基金指引（试行）》，中联基金整理。

在明确底层资产标的范围基础上，需要完成相应的资产重组工作。当原有项目公司或其持有的资产组合无法直接满足 REITs 发行要求时，需要综合考虑法律合规情况、资产剥离难度、税费成本等因素，将收益不足、合规性存在瑕疵的资产剥离至原有项目公司体外，或者将拟实施 REITs 的基础资产转移至新设项目公司名下。

《公开募集基础设施证券投资基金指引（试行）》第二条规定：基金通过资产支持证券和项目公司等载体［以下统称特殊目的载体（SPV）］取得基础设施项目完全所有权或经营权利。在一些情况下，原持有底层资产的公司无法满足公募 REITs 发行的要求，原始权益人所在集团需新设项目公司，将底层资产重组至新设项目公司中，再将新设项目公司股权整合至公募 REITs 架构中，实现底层资产入池。

在设计产品架构上，常规的基础设施 REITs 架构如图 5-5 所示，由公募基金、资产支持证券、SPV 公司（或有）、项目公司、

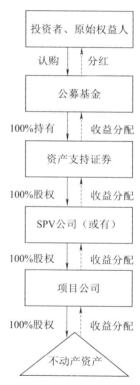

图 5-5 基础设施 REITs 产品结构

底层资产构成，其现金流由底层资产产生并由项目公司收取，将资产所产生的净现金流层层传导至公募基金并最终向投资人进行分派。

基础设施 REITs 产品架构应重点对三方面予以关注：治理结构、交易过程和收益分配路径。在治理结构方面，由于基础设施 REITs 参与主体众多，需要对各方之间的治理机制进行合理安排，降低多层级结构的管理成本，缓释管理错位、缺位可能导致的风险。在交易过程方面，需关注基础设施 REITs 在发行后是否能够及时取得基础资产，交易对价是否能够顺利支付，以及相关税务筹划结构能够有效构建。在收益分配路径方面，主要关注收益分配路径是否清晰、相关杠杆工具是否设置了明确可行的偿还安排及风险应对措施等。

二是国家发展改革委评估推荐阶段。从基础设施项目审核推荐角度，国家发展改革委对底层资产需满足的基本要求、原始权益人及运营管理机构需具备的条件、募集资金的投资运用等方面进行审核。项目申报材料须包含基础设施 REITs 设立方案等项目基本情况、依法依规取得固定资产投资管理手续等项目合规情况，以及政府批复文件或无异议函、相关方承诺函等项目证明材料。总体实施流程如下。

步骤一，各地发展改革委组织发起人（原始权益人）筛选优质项目，纳入全国基础设施 REITs 试点项目库。

步骤二，发起人（原始权益人）结合拟申报的基础设施项目情况，向相应的省级发展改革委报送试点申报材料。中央企业涉及跨区域打包项目的，可在获取项目所在地省级发展改革委意见的基础上，直接将试点申报材料报送国家发展改革委。

步骤三，对符合相关条件的项目，省级发展改革委向国家发展改革委上报试点申报材料，或为中央企业出具意见。

步骤四，国家发展改革委对项目进行综合评估后，确定拟向证监会推荐的项目名单。

国家发展改革委在试点项目评估过程中，主要关注以下 4 个方面内容。

第一，项目符合试点区域和资产类型范围。在区域范围上，试点政策优先支持国家重大战略区域范围内的基础设施项目，支持位于国家级新区、国家级经济技术开发区范围内的基础设施项目；在资产类型范围上，目前资产类型已扩展至十大行业，30 多类项目，主要包括交通基础设施、能源基础设施、市政基础设施、生态环保基础设施、仓储物流基础设施、园区基础设施、新型基础设施、保障性租赁住房、水利设施和旅游基础设施。

第二，项目须要具备以下三项特征：（1）项目权属清晰、明确、可转让；（2）项目进入稳定运营阶段；（3）项目投资回报良好，现金流稳定且合理分散。

第三，项目须通过合规性审查：（1）符合国家重大战略、宏观调控政策、产业政策等；（2）依法依规取得固定资产投资管理相关手续；（3）鼓励将回收资金用于基础设施补短板建设。

第四，发起人后续资产储备情况。国家发展改革委"958 号文"在首批试点基础上，增加了对于发起人扩募能力的要求，原则上发起人持有的可扩募资产应不低于拟首发资产规模的两倍。这一要求强化了发起人利用自身资产储备对拟发行 REITs 的发展支撑作用，有利于基础设施 REITs 早期阶段的稳健成长。

三是产品申报审核阶段。国家发展改革委将试点项目推荐至中国证监会后，将由中国证监会、沪深证券交易所依法依规并遵循市场化原则，独立履行注册、审核程序。以中国证监会发布的《公开募集基础设施证券投资基金指引（试行）》为基础，沪深交易所、基金业协会、证券业协会分别结合自身职能定位，从业务审核、尽职调查、运营操作、发售流程、合格投资者等维度出台了相应规章制度。审核关注要点如下。

业务参与机构。我国基础设施 REITs 的业务参与机构较多，为避免因机构自身合规问题、机构之间关联关系或潜在利益冲突的存在，对产品合规稳定运行造成不利影响，各业务参与机构需依法依规，确保符合相关政策规则要求。

基础设施项目。为保障拟发行项目持续稳定运营，试点项目应符合相关政策规则要求，具体包括合法合规性、现金流来源及关联交易的合理性、必要性及潜在风险。

资产评估与现金流。为充分体现基础设施REITs以稳定经营现金流作为主要收益来源的核心特征，项目评估应当以收益法作为主要估价方法，且现金流测算应充分考虑经济发展、项目业态及用途、运营情况等因素的综合影响。

产品交易结构。为进一步保证拟发行REITs稳定运营，产品交易结构方面重点关注资产交割过程、对外借款方案、项目退出安排等事项。

运营管理安排。为保障市场各方权益，基础设施REITs应具备科学完善的治理结构。重点关注基金份额持有人大会议事规则、基金管理人与资产支持证券管理人之间协调联动安排、外部管理机构的激励约束机制等事项。

四是上市发行阶段。基础设施REITs经中国证监会注册后，根据交易所发布的基础设施REITs发售上市业务办理指南，发售上市主要环节步骤如下。

（1）发售前工作。此环节主要包括向交易所进行数字证书申请，进行全天候环境测试，进行代码、简称申请，指定询价平台发行人等。

（2）询价。此环节主要包括发售申请与受理、披露《询价公告》和进行网下投资者询价。需要注意的是，询价须剔除中国证券业协会发布的《REITs配售对象限制名单》所列机构，以及根据规则要求剔除原始权益人及其关联方、基金管理人、财务顾问、战略投资者等与定价存在利益冲突的主体。

（3）认购。此环节主要包括认购业务申请与受理、披露《发售公告》、进行投资者认购等。根据参与主体和认购方式不同可分为三类：①公众发售，公众投资者可通过场内、场外渠道进行认购。②网下投资者认购，网下投资者通过投资者系统发起认购申请，通过确认过的资金账户向基金管理人支付认购款项。③战略投资者认购，战略投资者按照与基金管理人签订的认购协议中规定的方式进行认购。

（4）公募 REITs 成立。此环节主要包括披露《基金合同生效公告》和进行基金材料报备。

（5）公募 REITs 正式上市。

在肯定公募 REITs 积极意义的同时，我们必须清醒地认识到公募 REITs 仍然面临 4 个层面的主要问题。

从土地层面来看，保障性租赁住房资产土地取得方式复杂多样。在我国现行《土地法》和 2020 年《土地管理法条例》中，建设用地来源有划拨、招拍挂二次征地、商改住等，土地属性的特殊性导致其转让过程中存在诸多限制，直接影响流动性。我们建议在有关部委的指导下，推动各地政府建立较为明确的土地配套政策，标准化不同土地类型资产发行公募 REITs 的操作流程与实施标准。

从估值层面来看，保障性租赁住房 REITs 估值比一般性房地产项目复杂，估值逻辑、重要参数如何选取，估值与成本和收益率如何平衡等内容尚需进一步讨论。

保障性租赁住房只租不售，没有交易案例，公开市场难以使用可比交易法进行资产估值。同时，因其民生保障属性较强，在部分地区尚未实现租金动态安排，未来发行 REITs 需要做更加市场化的调整。具体而言，我们建议可结合不同地方市场的具体情况，推动保障性租赁住房市场构建合理稳定的补贴机制及租金调整机制等，提高保障性租赁住房长效收益。

从运营管理层面，政府部门与市场化机构在保障性租赁住房运营中管理职责界定不明，与公募 REITs 试点政策的要求存在一定差异。此外，保障性租赁住房具有民生保障的公益属性，相关资产发行 REITs 要持续关注资产运营水平的提升，这就需要相关企业理解 REITs 工具的核心要素，平衡土地成本较高、租金回报较低，以及疫情影响租金和出租率稳定等问题。我们建议，未来政策可加强对保障性租赁住房专业运营企业的扶持力度。

从财政补贴模式层面，目前，部分保障性租赁住房项目收入补贴占比较高，一般为直接补贴到业主。补贴比例和补贴方式是相关项目申报公募 REITs 时的关注点，未来需结合市场情况动态调整，充分发挥财政资金投入的引导性、公益性、保底性、撬动性作用，使资金支持对象更加精准聚焦，支持节奏更加灵活有序，支持结构更加科学合理，支持手段更加丰富多样，支持方式更加安全规范。

保障性租赁住房 REITs 未来展望

保障性租赁住房 REITs 的推出，是落实关于加快建立多主体供给、多渠道保障、租购并举住房制度决策部署的有效途径，使相关项目形成了"投、融、建、管、退"的良性闭环，为保障性租赁住房项目提供了稳定的投融资渠道，更好地吸引社会资本参与，促进住房租赁行业向新发展模式转型，实现平稳健康发展。

助力行业实现社会效益与经济效益并重的可持续发展

公募 REITs 作为创新金融工具，本质是将持有型资产的经营现金流证券化，进而从资本市场获得融资，实现前期投资的退出；同时，通过公募 REITs 形式所获融资继续进行新增项目投资，拓宽了保障性租赁住房建设资金来源，扩大业务规模和有效供给，从而加快保障性租赁住房的发展，满足新市民、青年人的居住需求，实现保民生的社会效益。

保障性租赁住房行业的特点是一次性投入很大、投资回收期很长，但现金流较稳定且呈增长趋势，提供长期、低成本、大额资金是行业可持续发展的关键。积极推进保障性租赁住房 REITs 是发展住房租赁市场最根本的资金解决办法，通过打通"投、融、建、管、退"闭环，能够有效缩短资金回报周期，盘活存量资产，降低企业资金压力，进一步推动保障性租赁住房进入发展快车道，为行业能够实现"规模化""机构化"保驾护航。同时，REITs 也将通过规模效应，不断积累运营经验，促进项目的精细化管理程度，提升运营管理效率，为投资者获取更高收益回报。

开辟万亿级规模的公募 REITs 新赛道

根据我国关于保障性租赁住房的相关规划，未来，保障性租赁住房的增量资产将主要位于人口净流入较大且住房供应较为紧张的大中型城市。从长期来看，租赁住房的市场需求取决于城镇化率水平；从中短期来看，则主要取决于"租购同权"和"租赁赋权"推动下的租住生活方式的形成。正如第一章所言，按照我国 1.835 亿租房人口计算，我国当前住房租赁市场租金收入将达到 3.18 万亿元规模。"十四五"期间，全国新增 650 万套（间）保障性租赁住房的计划势必离不开 REITs 这一金融工具的推动。

从全球范围来看，租赁住房 REITs 主要分布在美国、日本和欧洲（以英国为主）。从市值来看，美国和日本租赁住房 REITs 的整体市场份额均达到或超过 10%，英国比例为 5%。因此，租赁住房作为重要的 REITs 资产类别，也意味着：新赛道、大市场。

同时，由于保障性租赁住房资产所在区位具有比较优势且政策支持力度较大，其收益水平受到经济周期和市场波动的影响较小，能够创造较为稳定的现金流。合理的收益水平和稳定的现金流保证了相关原始权益人能够应用 REITs 盘活存量，同时利用 REITs 的扩募机制实现底层资产扩容。预计未来保障性租赁住房公募 REITs 市场将迎来较大的发展。据北大光华管理学院估算[①]，中国租赁住房 REITs 的市值规模将在 5 200 亿元至 1.56 万亿元之间。

推动行业进入专业化、品牌化的新时代

REITs 执行长期投资策略，具备专业的资产管理水平，是典型的主动管理型金融工具。

一方面，REITs 有助于住房租赁市场的专业化发展。从项目层面看，现金流的稳定性是保障性租赁住房 REITs 可持续发展的关键因素。底层资产的收入来源主要包括租金收入和非租金收入，其中以租金收入为主。因此，对其现金流稳定性影响较大的因素主要是租金收入规模和租金稳定性。而租金收入规模受到项目区位条件、租金水平、收益管理及出租率的影响，租金稳定性受到租户结构以及租约情况（续租率和租期长度）影响。因此，在收益率的要求下，REITs 会倒逼项目不断提高运营管理水平，从而提升行业的专业化程度。

另一方面，运营管理机构的品牌化将是未来行业发展的主流趋势。运营管理能力的评价体系主要包括对运营管理机构市场定位能力、收益管理能力（包括租金管理能力、租约管理能力、非租金收入创造能力、租户满意度等指标）和运营成本管控能力（毛利润率指标、人力成本、营销费用、物业维修养护费用、物业管理费、能源使用费、空置损失管理等指标）的评价。行业将形成"短期以运营管理能力、中长期以资产管理能力为核心"的运营管理机构品牌价值评价体系。

---

① 资料来源：北大光华 REITs 课题组.中国租赁住房 REITs 市场发展研究 [R]，2021–12–10.

引入长期权益性资金，建立完善的市场定价机制

在国内公募 REITs 资产类别中，保障性租赁住房 REITs 未来扩募的可能性非常高，随着沪、深交易所正式发布《新购入基础设施项目（试行）》，支持上市 REITs 通过扩募等方式收购资产，公募 REITs 扩募制度建设日益完善。在相关资产发行 REITs 后，必将引导诸如保险资金、社保基金、养老基金等长期权益性资金流入行业，促进租赁住房资产扩容，缓和人口净流入较大的城市住房供应紧张的状况。

此外，保障性租赁住房 REITs 是标准化金融产品，通过在发行市场和二级市场上市交易。公募 REITs 估值定价核心在于评估长期稳定分红，以及由提升运营水平而使资产增值的能力。REITs 产品和REITs 底层资产的定价与估值具有共同逻辑。从理论上说，两者的市场定价有着相互锚定的关系。因此，公募 REITs 具备一定的"价格发现"作用，将成为保障性租赁住房项目价格的"锚"，推动相关资产趋向合理价格，建立完善的市场定价机制。

拓展阅读 案例 5-1

EQR：长租公寓 REITs

公平住屋（Equity Residentia，简写为 EQR）是美国一家致力于为用户提供高品质租赁住房服务的运营机构。在数十年的发展中，机构化、规模化、金融化相结合的发展模式为 EQR 打造出了住房租赁行业"投、融、建、管、退"的完整商业闭环。其通过 REITs、资产证券化等方式拓宽融资渠道，进一步扩大业务规模，降低运营成本，确保投资回报率持续上涨，进而吸引更多资金进入，为住房租赁业务的可持续壮大奠定基础。

EQR 的发展历程经历了快速扩张到缩减规模精细化运营的

过程。但作为全美最大的租赁住房 REITs 运营商之一，EQR 的市场份额始终位居前列。

EQR 财报披露，截至 2021 年年底，EQR 资产规模已超过 210 亿美元，共持有 310 处资产，提供超过 8 万套（间）租赁住房。在运营收入方面，2018—2021 年租金收入分别为 25.78 亿美元、27 亿美元、25.7 亿美元、24.6 亿美元，整体趋势较为稳定。

EQR 运营模式可归纳为"收购－开发－出租并管理"，根据财报，其租金收入为其主营业务的唯一收入来源，除此之外其他业务收入还有处置资产的收入。近年来，EQR 在不断处置原有部分低收益资产基础上，将投资策略调整为聚焦核心市场、稀缺地区。

该公司的招股说明书中不断提到的项目选址标准，充分体现了这一投资策略：（1）相比于租金成本而言，选择高房价的地区，从而降低未来市场竞争的可能性；（2）投资高经济增长动力的城市区域，从而拉动高薪就业的增长，进而产生房屋租赁的高需求；（3）有利的人口统计（指人口迁入），导致人口的繁荣，从而促进租房需求偏好；（4）城市由于土地稀缺或政府管控导致的高进入门槛，通常而言建造新公寓更加困难，或成本更高，从而限制新的公寓供应量；（5）其他需求驱动因素。

2017 年年底，EQR 将全部资产调整至美国东西海岸最发达的城市，这些城市的主要特征为：房价高、购房率低、租户增长快、租户户均收入增长快、租户平均学历高、租金长期增长强劲、空置率低。同时，EQR 在这些城市中精准选择拥有 7 天 ×24 小时高效运营的配套完善的核心区域，其 69% 的净利润来源于城市核心地段的项目。

在规模逐渐扩大、市场占有率不断提升后，EQR 在提升客户入住体验上下功夫，以"服务化、便捷化、灵活性"为原则，在租前、租中和租后等各个环节为租户提供全流程服务。

自 20 世纪 90 年代开始，EQR 引入信息系统帮助客户在网上办理一站式全流程业务，包括但不限于选房、交房租、换房、维修申报等服务。EQR 还通过与行业龙头公司合作，提供了两项租前服务以提高租客的签约率。（1）与美国最大的汽车租赁服务公司 Zipcar 合作，在全美多个城市为不同层次的用户提供卡车、混合动力车、豪华车等多种车型，可满足不同租客的用车需求，为没有车的租户搬家提供了极大的方便。（2）与家具提供商 CORT Furniture 合作，为租户提供家具租赁及购买服务便利。

此外，EQR 推出"转移计划"，协助租户在家庭或工作单位变动的情况下，在未入住的公寓中进行选择，以匹配未来的工作生活需求，提升租户黏性。EQR 还推出租赁奖励服务，即租户每月租金将以积分形式返还，返还积分数额为月租金数量的 15%~20%。返还所得积分可以用来购买 EQR 合作开发商的房屋，最高将获得 3% 的折扣。此举在为租客提供福利的同时，也实现了租房与买房双向联动。

EQR 提供的全流程服务收效明显，其入住率始终处于高水平，从而实现更加合理的租金溢价以及现金流的稳定增长。

1993 年年底，EQR 在美国纽约证券交易所上市。其后大规模收购实现资产快速扩张，得益于 REITs 提供的高效融资支持。EQR 公告统计，在 1993—2000 年大规模收购阶段，EQR 通过 43 次份额发行实现 32.19 亿美元融资，进而通过较低成本的权益性资金收购物业，推动股权融资多样化。此外，EQR 股权融资还包含多次员工持股计划和股息再投资计划，通过建立有效的激励机制，促进公司整体运营效率的提升。

与此同时，由于 REITs 在美国享受税收优惠政策，这使 EQR 的债务成本进一步降低。以 2016 年为例，EQR 总负债为 89.9 亿美元，其中税收豁免债务 6.3 亿美元，该部分平均债务成本仅为 1.1%，如图 5-6 所示。

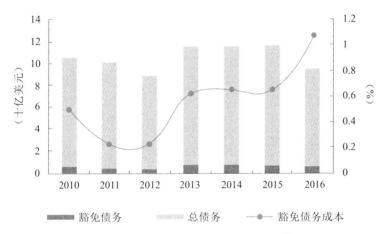

图 5-6　税收豁免债务规模及成本一览

资料来源：万得资讯、EQR 年报、广发证券发展研究中心。

EQR 的启示：利用 REITs 兼并收购、持有、自建和运营

现阶段，美国住房租赁行业发展较为成熟，租赁住房品牌经营模式侧重资本运作，利用 REITs 兼并收购、持有、自建和运营。完善的 REITs 上市流通制度使 EQR 可以高效便捷地进行股权融资，通过盘活存量资产不断扩大规模，同时不断优化投资策略和经营模式，发展成为美国首屈一指的租赁住房品牌。

EQR 借助 REITs 发展的经验，值得我们借鉴。

首先，REITs 可以为保障性租赁住房企业搭建资产上市平台，为前期沉淀的大量开发建设投资成本提供退出渠道，实现"投、融、建、管、退"闭环，助力行业打造发展新模式，确保市场平稳健康可持续发展。

其次，稳定增长、可持续的分红是 REITs 的主要目标之一。原始权益人将在该价值取向的推动下不断打磨经营模式，精进整体运营管理能力，可在一定程度上推动整体市场的资产质量提升和经营效率升级。

最后，REITs 作为二级市场公开交易的金融产品，具备一定的"价格发现"作用。美国长租公寓的租金回报率达到8%~12%，EQR 在 REITs 市场的表现也会作用于其租金水平，促进租金调整为相对合适的市场价格。我国保障性租赁住房 REITs 上市后，由于二级市场的活跃交易，可在一定程度上提升保障性租赁住房资产的价格发现机制。